大学生创业前的11堂必修课

呼志强◎编著

机械工业出版社
CHINA MACHINE PRESS

大学毕业后，你想当老板吗？你想住上自个儿挣钱买的房子吗？你想自个儿挣钱买辆汽车吗？你想体验一下成功人士的喜悦吗？那就从创业开始吧！如果你想拥有一家小公司，那么，《大学生创业前的11堂必修课》正是为你而写。

创业的人很多，成功的人不多。创业者真正需要的是更具实战性的创业指南。本书深度剖析了大学生创业过程中经常感到困惑的11个问题，为打算创业的大学生指明了一条康庄大道，使创业者能看清形势，认清自己，找到正确方向，少走曲折弯路，避开一个个陷阱、暗礁，少犯错误或不犯致命的错误，从而在创业中一帆风顺，成为人生赢家！

本书适合准备创业的大学毕业生阅读，也适合其他初次创业的人士参考。

图书在版编目（CIP）数据

大学生创业前的11堂必修课/呼志强编著. —北京：机械工业出版社，2017.3

ISBN 978-7-111-56254-2

Ⅰ.①大…　Ⅱ.①呼…　Ⅲ.①大学生－创业－高等学校－教材　Ⅳ.①G647.38

中国版本图书馆CIP数据核字（2017）第044301号

机械工业出版社（北京市百万庄大街22号　邮政编码100037）
策划编辑：康会欣
责任编辑：孙东健
装帧设计：高鹏博
北京中科印刷有限公司印刷
2017年3月第1版·第1次印刷
170mm×242mm·11.25印张·153千字
标准书号：ISBN 978-7-111-56254-2
定价：29.80元

凡购本书，如有缺页、倒页、脱页，由本社发行部调换

电话服务	网络服务
社服务中心：(010)88361066	教材网：http://www.cmpedu.com
销售一部：(010)68326294	机工官网：http://www.cmpbook.com
销售二部：(010)88379649	机工官博：http://weibo.com/cmp1952
读者购书热线：(010)88379203	**封面无防伪标均为盗版**

前言 | Preface

2014年9月，在天津举办的夏季达沃斯论坛上，国务院总理李克强强调，要借改革创新的东风，在960万平方公里的大地上掀起"大众创业""草根创业"的新浪潮。

2015年10月，《新闻联播》报道：首届中国"互联网+"大学生创新创业大赛总决赛于10月19日至20日在吉林长春举行。国务院总理李克强对大赛做出批示：大学生是实施创新驱动发展战略和推进大众创业、万众创新的生力军，既要认真扎实学习、掌握更多知识，也要投身创新创业、提高实践能力。

2016年4月，美国《福布斯》双周刊网站发表题为《现代中国制造：大众创业》的文章，称"中国领导人强调，中国需要继续发展大众创业、万众创新'双引擎'，以推动经济增长。中国政府承诺推动改革，并通过降低门槛和增加公共服务为大众创业、万众创新创造更好的环境，鼓励大学生、技术人员创业。"

在这个世界上，恐怕很少有比开创一番新事业、打拼一片新天地更具吸引力的事情了。但是，创业是条不归路。走上创业这条路，你就选择了积极，选择了进取，选择了承担。你不得不依靠自己，把握自己的命运，挑战成功道路上的一切困难和问题。在中国，创业者就是这样的一群创造财富和神话的励志群体：他们不需要社会救济，自力更生，自寻出路；他们最善于发现潜在机遇，创造就业机会；他们利用科学技术，刻苦创新，不畏竞争，甚至渴望竞争。

越来越多的人明白：打工只能养家，创业才能致富。

也许你早已厌倦了替别人打工的生活，也许你一直觉得自己的才华得不到完全的施展，那就问一问自己：

捉襟见肘的日子，你是否早就过腻了？

难道你就注定只能当普通人？

你为什么生活得如此艰难？

你为什么总是和财富无缘？

你想住上自个儿挣钱买的房子吗？

你想自个儿挣钱买辆汽车吗？

你想体验一下成功的喜悦吗？

那就从创业开始吧！

创业是等不来的，有没有前途，看你怎么走！

创业是靠不来的，有没有出路，看你怎么想！

创业是要不来的，有没有机会，看你怎么做！

天下没有不赚钱的行当，关键在于你想不想淘金，敢不敢创业！如果一个人连创业的欲望都没有，怎么可能赚钱呢？

一、关于创业的两个问题

创业不但要知其然，还要知其所以然。为什么只有通过创业才能改变自己的人生呢？为什么要趁着年轻去创业呢？

（一）为什么要创业

如今，社会上先富起来的那一拨儿人，已经掌握了赚钱的技巧，控制了赚钱的渠道，赚钱的模式与平台早已日趋完善，后来的人（尤其是刚刚毕业、社会经验不足的大学生）往往只能围着他们的指挥棒转圈。在不少企业中，新上岗的大学生们辛苦劳累、呕心沥血，往往也只能解决自己的温饱问题。为了过上更好的日子，为了不让此生后悔，有冲劲、有干劲的大学生们需要走出来，只有走出来，才能看到更多的风景。机会不是等出来的，是干出来的，不干永远都没有机会。任何生意都要先干起来再说，边干边找机会，边干边创造，边干边修正，边干边完善。只要大方向正确，最初看起来没希望的事儿，最终也能开花结果。

（二）为什么要趁着年轻创业

很多人在高中阶段或者大学阶段沉溺于谈恋爱，但 100 对儿这样的恋人，最终能结婚生子、白头偕老的往往还不到 5 对儿。很多人因为谈恋爱耽误了学业，耽误了前程。他们在该奋斗的时候，只忙着恋爱，过早透支了自己的幸福。因此，与其把时间放在不成熟的恋爱之上，还不如从一开始就为自己设定一个创业的目标。

要想创业，现在无疑是最好的时代，但如果没有好好筹划，也很容易失败。很多人都渴望创业、渴望财富，但往往自身缺乏创业能力、创业经验、创业技巧、创业条件，把握不住创业机会，从而导致创业失败。

创业不容易。创业不只是办执照，不是玩网络游戏，不是搞形式主义。创业是实干，是吃苦，是隐忍，是坚持。不是每个人都能创业成功的，但希望成功的人都应该试一试，用自己的青春去为创业增添动力，让创业成功成为青春的贺礼！

为了摆脱穷日子，过上富日子，趁着年轻，去创业吧！

二、关于创业的两个忠告

大多数大学生的心中经常充斥着太多的目标、梦想、激情，却较少有对残酷现实的理智。钱不是那么容易赚的。关于创业，有些事儿你必须知道。

（一）老板痛苦多

自从一个人选择了创业当老板的那一天起，他就选择了辛苦和劳累。当老板，要学会承受多种痛苦，为外人所不知。

算算老板的工作时间：上午开会、工作，下午接待各种各样的人，晚上应酬。实际上，越大的老板越没有时间安排自己的生活。

在工作中，很多老板不仅要动脑，还要陪各色人等交际、应酬。结果，肚子大了，头发没了，身体垮了。老板的成功往往是牺牲了健康换来的。

老板的交际圈很广，但风光只在表面。很多老板忙起来就容易跟家人疏于沟通，关系很容易出现裂痕；经过多年的创业，也很容易与老朋友分离或者变成尴尬的上下级关系。

企业发展到一定程度，在经营上就会产生烦恼，但老板往往不能跟家人和朋友谈起这些，因为那属于商业机密，同时也不想让自己在熟悉的人面前显出脆弱。有了烦恼，不能随便诉说，只能一个人默默承受，可以说，当老板"高处不胜寒"。

很多老板，有钱时比没钱时更痛苦。特别是中小企业的老板，考虑到企业的发展，穿的和吃的并不比以前更放得开。有时候，老板看起来"大"，实际上比谁都"小"，社会上的各方面关系都要去照顾。

……

（二）老板要求多

看似简单的老板，其实并不是那么好当的。老板需要具备一定的素质，包括判断力、决策力、执行力以及个人魅力、人际交往能力、心理承受能力等。俗话说，没有金刚钻，别揽瓷器活。一个人在决定创业之前，必须要客观地评价自己，看看自己是不是创业的那块料。

老板要有极强的实干精神。如今的企业精英，都是高学历的行业顶尖人物，经过千锤百炼的，可以说个个都是精英，人人都有一手。跟他们在同一个赛道里竞争，没有极强的实干精神是绝对不行的。

老板要有极高的业务素质。对于流程管理、人员管理、财务管理，老板虽然不可能做到样样精通，但哪一样都得整明白。否则，老板就指挥不动，甚至听不懂人家在说什么。那样的话，即使手下的人不糊弄你，背地里也不会佩服和尊重你。

老板要掌握经济大势。对于国家支持什么、限制什么，国内外的经济形势如何，下一个阶段的经济走势如何，老板都要有大致的了解。

老板要熟悉国家法律。公司经营的方方面面（包括产品生产、质量标准、环保要求、服务规范等）都有很多的条条框框，老板也免不了要经常签订各种经济合同。因此，老板要对《公司法》《合同法》等法律法规了解透彻，以防在经营中触碰法律底线，或者上当受骗。

老板要有强健的体魄。没有一个好的身体，就不可能支撑起一个强大的事业。可惜的是，近几年来，一些创业者因罹患各种疾病离开人世的例子很多。因此，做老板必须要管理好身体这一“革命的本钱”。

……

对大学生来讲，了解创业不易是非常必要的，也能警示自己是否真的要迈出创业这一步。如果你有创业的意识，但却畏惧创业的艰难，那就不要开始你的创业旅程。但如果你无法忍受自己一辈子碌碌无为，那就大胆迈出创业的那一步。

无论在什么时候，无论在哪个国家，要想成功创业，都不是一件简单的事情，都需要创业者付出艰辛的努力。创业的人很多，成功的人不多。创业者真正需要的是更具实战性的创业指南。本书深度剖析了大学生创业过程中经常感到困惑的11个问题，为打算创业的大学生指明了一条康庄大道，使创业者能看清形势，认清自己，找到正确方向，少走曲折弯路，避开一个个陷阱、暗礁，少犯错误或不犯致命的错误，从而在创业中一帆风顺，成为人生赢家！

目录 | Contents

第八堂课｜是薄利还是厚利

第九堂课｜是单赢还是多赢

第十堂课｜是坚持还是转变

第十一堂课｜是诚信还是厚黑

附　录｜创业测试

第一堂课

是创业还是打工

人们常说："打工受气，创业受苦。"其实，这样说并不完整，完整的说法是："创业受苦两三年，打工受气一辈子。"打工只能养家糊口而已，给别人打工永远不能发家致富，给自己干才是最好的致富途径。现在，很多人有创业的想法，但是不敢放弃已有的工作，或者盲目冲动地去创业，结果血本无归。创业需要胆量，需要行动，但是也需要计划。下面就为想创业的大学生分析一下创业的利弊，为创业者提供可行的创业方案。

一、不是人人都能创业成功

很多人在踏上社会大舞台的时候，都曾经产生过创业的冲动，比如创办一个自己的企业，开一家自己说了算的店铺等，但最终的结果如何呢？可以说，真正创业成功者不足十分之一。我国每天都有成千上万的私营企业或公司开张，但每天同样有成千上万的私营企业或公司倒闭或易主。

根据智联招聘发布的《2016 年应届毕业生就业力调研报告》，参与调查的 2016 届毕业生中选择自主创业的比例为 3.1%。值得注意的是，与广受关注的“大众创业元年”——2015 年（6.3%）相比，2016 年选择创业的应届毕业生比例明显下降。虽然政策、投资环境和社会整体给大学生创业提供了良好的土壤，但由于大学生经验欠缺、资源积累不足等原因，目前大学生创业成功的概率并不高；加之相比创业，高校更注重培养学生的创新意识，因而带来的直接创业人群并不多。

麦可思研究院发布的《2016 年中国本科生就业报告》及《2016 年中国高职高专生就业报告》对 25 万名 2015 届大学毕业生做了跟踪评价，同时对 2012 届毕业生毕业 3 年后的就业情况做了分析。报告显示，虽然大学生创业的比例逐年提高，但毕业后就创业的大学生在 3 年后存活下来的比例仅为半数左右。

该报告数据显示，毕业半年后自主创业的应届本科毕业生，3 年后有超过半数的人退出创业，甚至有数据指出，即使在浙江等创业环境较好的省份，大学生创业成功率也只有 5% 左右。换句话说，就是野心勃勃、砸锅卖铁去创业的 100 个大学生中，最终只有 5 个人成功。这种现象说明，尽管从理论上来说每个人都有创业成功的可能，但事实却是并非人人都能创业成功。

在北京打工几年的张慧娟几经张罗，终于开了自己的美容店。但她很快发现，当老板和自己原来的设想不一样：一是整天为业务量发愁；二是小本创业，很多东西都要自己亲力亲为，干得比打工仔还累。为此，张慧娟有些想打退堂鼓。

这是创业起始阶段最常见的心理。许多创业者在创业前期认识不足，只看到创业风光的一面，却对创业的困难和风险，尤其是对做一名老板准备不足。其实，做老板比做雇员要辛苦得多，要承受比一般雇员更大的责任和压力。

创业真的并不容易。中国很多创业成功的小企业老板累死累活，平均一年所得也不过十多万元，还得承受各种风险，可谓是心力交瘁。而重点大学或热门专业本科或研究生毕业的年轻人，如果能在大城市找个好点的工作，每年一般也能挣到10万元左右，而且这种朝九晚五的生活既轻松又愉快。这就是为什么研究生以上学历的人敢于创业的较少，而相当多的创业者的学历只相当于高中文化水平的原因。因为学历高的人往往没有足够的创业动力。

现在，很多刚毕业的大学生满脑子就是两个字——创业！但是，对于大多数大学生来说，创业的条件还不成熟。首先是市场这一块，社会中的人际关系非常复杂，刚毕业的人很难处理圆满。其次是技术这一块，到底能不能把所学的知识快速转化为生产力，还需要不断地摸索。总之，现在创业所面临的艰辛可能不是你所能想象的。

陈阳曾满怀激情创业，结果事与愿违。最初她想开服装店，以每月1500元的价格定了一间临街小屋，准备装修时，却发现这里2个月后准备拆迁。陈阳找到房东后，对方反怪她事先不到城建部门打听，定金一分不退。后来，陈阳试着开了一家饰品店，3个月后因经营不善关门。

与陈阳一样，刘辉2015年刚从华中科技大学毕业，就张罗着开办了一家动漫培训机构，但运行半年，没赚钱反而还亏了，从爸妈手里拿的15万元所剩无几。刘辉很郁闷：创业为什么这么难？自己怎么这么倒霉？

其实，陈阳和刘辉没明白的是："创业有难度"是普遍的，而非偶然的。创业的困难是每个创业者都会遇到的，只是困难的大小不同而已，并非命运对其不公。

在这里要提醒创业者，创业前要辩证地看待创业，要更多地看到创业路上的艰辛和困难，做好创业失败的心理准备。面对创业困难，不要怨天尤人，要客观、冷静、及时地分析失败的原因，重新审视自己的创业项目。

美国芝加哥大学专门研究中小企业创业的教授阿玛尔·毕海德（Amar Bhidé）花费了8年时间，观察、研究了几百家新生企业。之后，他发明了一套针对创业企业的三步连续扑问法。当创业者在不胜枚举的机会和挑战面前徘徊时，要问自己 3 个问题：

- 我的目标是什么？
- 我是否有合适的战略？
- 我如何实现此战略？

对于我国的创业者来说，特别是初次创业的年轻人，一定要理性思考，弄清自己创业的目标是什么，战略是什么。一般来说，创业者一定要注意以下几方面的问题。

1. 为什么要去创业

2014 年，国内一家著名咨询公司对我国各色创业人群的创业动机进行过统计分析，其中既有创业一年内夭折的失败者，也有创业成功的企业家，并归纳出八大创业动机：

- 为生活所迫，找不到工作，不创业就无法生活；
- 机缘所至，本没想创业，偶然遇到一个机会就下海了；
- 与公司积怨，一怒之下自己当老板；
- 想一夜暴富，迅速提高生活品质和社会地位；
- 随大流，身边的好友都创业，我也尝试尝试；
- 为了追求独立和自由，自己当家作主；
- 为了实现自我价值，证明自己的能力和才华；
- 为了圆梦，实现自己的人生梦想。

看完上面的创业动机，你是否明确了你的创业动机是什么？你是否应该选择创业呢？在这里提醒一下创业者，在两种心理状态下不适合创业，即：迫切需要证明自己的能力；刚和老板吵完架。这都属于冲动型创业，极易失败。

一般来说，国内创业者目前主要是为解决生存问题而创业，属于生存型创业。生存型创业者更加经不起失败，所以，在动手创业、踏上老板道路之前，最好能对自己进行一番仔细考量，从各方面检讨自己，看看自己是否真的适合创业。有些人也许天生就不具备做老板的素质，可以预见其创业的后果只有一个：失败。如果是这样，虽然会令人感到很痛苦，倒不如放弃创业的打算，放弃做老板的梦想。

2. 是否有足够的资源

很多人在初次创业的时候，都是十分欠缺资源的。资源不足，很容易降低创业成功的概率。创业资源条件主要包括 8 个方面：

- 业务资源——赚钱的模式是什么；
- 客户资源——谁来购买；
- 技术资源——凭什么赢取客户的信赖？
- 经营管理资源——经营能力如何；
- 财务资源——是否有足够的启动资金；
- 行业经验资源——对该行业信息与常识的积累；
- 行业准入条件——某些行业受到一些政策保护与限制，需要进入资格；
- 人力资源条件——是否有合适的专业人才。

以上资源，创业者也不需要百分之百地具备，但至少应具备其中一些重要资源，其他资源可以通过市场化方式来获取。创业者如有足够的财务资源，其他资源欠缺很容易弥补；如果有足够的客户资源，其他资源的欠缺也容易补足。

有的人说，创业难在开始，但打工可能难一生。虽然不是人人都能创业成功，但是只要不甘贫穷，大胆创业，哪怕做个小老板，也比做打工仔强。如果有好的想法或项目，那就不妨轰轰烈烈干一场。即使开始比较困难，但是只要坚持，同时也找到方法的话，财富和成功早晚是囊中之物。

二、创业需要胆量，需要冒险

很多大学生面对创业时心里很矛盾，既有创业单干的激情，同时又担心失败后的悲惨命运，所以很多人思考了很长时间，最后还是决定等等再看。一月过了又一月，一年过了又一年，从 20 多岁等到 30 多岁，等到岁月流逝，光阴不再，沉浸在打工的生涯中难以自拔，结婚、供房、供车，上有老下有小，身上的经济枷锁日益沉重，无力再搏，最后只好认命，打工一辈子。

面对创业，没有胆量、迟滞不前是最大的误区。很多人认为创业需要很多条件，比如很多朋友会说："刚出校门的学生或一个工薪出身的家庭，哪里有创业的实力？哪里有资本和经验去创业呀？最好的选择就是去公司打工几年，储备点经验和资金，几年后有机会的话再自己创业呗。"其实，这样的想法是错误的，很多人在单位工作几年后，不但赚不到创业所需要的资金，更无法学到创业的经验与技能。无数人做着创业梦，只有少之又少的人付诸行动，为什么？因为创业是勇敢者的游戏。敢想、敢干，拿出胆量是创业者的首要资本。

创业没有统一的标准可循，也没有固定的模式可鉴，关键是要有胆量，找到方法，敢于突破，否则，再多的才能、再好的机遇也会在你畏首畏尾、犹豫不决中丧失。等到别人在生意场上笑傲江湖，你内心的不服又有什么用呢？没有超人的胆识，就没有超凡的事业；没有敢于承担风险的心理素质，任何时候都别想成功。

在中国，许多的民营企业（尤其是浙商群体）的大老板都没读过多少书，但一个个都创立了自己的大企业。想当初他们创业时，完全是因为没有退路，凭借背水一战的胆量而最终成就事业，造就了辉煌人生。

看看我们周围，在上海、北京等一些大城市，许多人拼命读书、拼命考证的目的是希望找到好工作、好饭碗，拥有高额的薪水和舒适的环境。学士、硕士、博士，一个个出来，都热衷于去给别人打工，有很多人居然是供那些没读过几年书的集团老板鞍前马后使唤，还乐此不疲。他们的意识中没有创业的冲动，因为害怕失败和风险，因而胆量不足。坊间曾流传这样一个成功之道：一胆二力三功夫。第一是胆量，第二是力量，第三才是功夫（科学管理或专业技术），这就是创业时期的方法排序。

新希望集团总裁刘永好在谈到个人成功时说："（成功）就是做别

人不敢做的事。别人没有下海时我们下海了，别人没有投资农业时我们投资了，别人没有组建集团时我们组建了，别人还没有在金融领域投资时，我们已成为民生银行大股东了……

为将者，魄力是制胜之道；为人者，胆量乃成功之道。在商界，创富更需要胆量和魄力。有一位商人说过：普通人不能成为富人，缺少的不是金钱，不是关系，也不是人脉，他们真正缺少的是成为富人的野心，缺少的是敢闯敢拼的精神和胆量。

当年的晋商到包头经商，杀虎口是必经之路。有民谣称：

杀虎口，杀虎口，
没有钱财难过口。
不是丢钱财，
就是刀砍头，
过了虎口心还抖。

面对这样的危险，晋商并没有退缩，而是勇敢地外出闯荡，创造出了惊人的财富。

他们冒着危险闯过杀虎口之后，就能随心所欲地做生意赚钱了。敢冒险是晋商经商成功的一个重要因素，没有非常的气魄与胆略，他们是不可能取得这些成就的。

2014 年 12 月，有网站针对创业做了一项调查。结果显示，70% 的年轻人都有创业意向，但真正付诸实施的却只有 10%，这个数据非常值得探究。比起就业，创业面临着更多的困难，这是一个事实。虽然国家出台了一系列创业帮扶政策，国内的创业环境已有了很大的改善，但为什么还是有那么多有创业意向的年轻人不能将创业计划付诸实施呢？创业时机未到、好项目有限、启动资金筹集难，这些都是理由，但却不是最重要的理由。最重要的理由只有一个：不愿冒险。

创业环境再好，创业也有一定的风险，有多少人能够战胜自己对稳定的渴求而去冒险呢？可是，不冒险，便没有创业的成功，也就享受不到创业成功的快感。大学生要记住：冒险精神是创业者必备的心理品质。

三、要有思想和观念的准备

创业可选择的项目较多，大到造车、造手机，小到经营蔬菜水果、五金电器，以及开办小超市、百货店等。但是，在创业之前，创业者一定要有思想和观念的准备，要考虑选择的项目是不是适合自己，成功的概率有多大。

2015 年年初，河北省邯郸市的赵志民看准了彩色钥匙这个小本经营项目，在经过一番认真的考察和细致的分析之后，他最终选择了一个彩色钥匙品牌，成为其加盟商。这种彩色钥匙的优势在于不易折断，喷涂层不易脱落、不易磨损，还很美观。开始，赵志民预计每天的营业额在 400 元左右，产品成本和店铺费用约 200 元，净利润可达每月 6000 元，4 个月即可收回全部投资。但开张后，每天的营业额只有 100 余元，根本应付不了营业开支所需的近 200 元。在苦苦支撑了半年之后，赵志民最终放弃了彩色钥匙的经营。失败的创业经历让赵志民深深体会到了创业的艰辛，也得出了几个教训：选择项目前，事前要做好详尽的市场调查研究；选择投资项目只有新意是不够的，还需了解产品所具有的市场基础；要深刻分析消费者的心理等。

赵志民之所以失败，就是没有做好创业的思想和观念的准备。

首先，他没做足够的资金预算（无资金后盾）。在创业之前，首先要“摸摸自己的口袋”，有多少资金？有些什么财产？适宜于开创哪类事业？这是创办事业要考虑的第一个因素。资金少固然可以筹措，但初始经营者一般缺乏经验，如果贪大求全、债台高筑地去开创事业，则经营风险大，失败时损失也很大。

河北省保定市的陈磊开了一家油漆门市，手头只有 5 万元，货源靠向厂家赊欠，卖出的货多半也是记账。半年下来，厂家催他结账，他去找买家收款又收不回来，陈磊因此背了一身债，最终被厂家告到法院。他后悔莫及，经常告诫朋友说：“没有一定的资金实力，千万别贸然创业。”

一般来说，开店营业时，没人能确切地告诉你哪天才能赚钱。如果你没有相当数额的银行存款（一般至少要有能够维持 3～6 个月的周转资金），经营将举步维艰。

其次，赵志民没有承受风险的心理素质。很多投资者在投资前光想着赚钱，在跟朋友们交流沟通的时候，朋友们出于礼貌大都会表示鼓励："大胆干吧，出了问题大家都会帮你！"需要提醒创业者的是：对于这样的鼓励，千万不要偏听偏信。商场如战场，市场瞬息万变，真出了问题还要靠自己。如果你没有承受风险的心理准备和能力，趁早别胡思乱想瞎忙活，做好你眼前的工作方为上策。

要想创业顺利，思想和观念的准备很重要，以下几个方面的问题，值得大学生好好思考。

第一，我是否具备创业者应有的能力与素质，是否能承受挫折，是否具有综合、全面的素质，还是有专项技术特长？

天津郊区有位高级农艺师，看到他的朋友卖珠宝发了财，突发奇想，辞去公职，为法国某珠宝公司搞代销。一年下来，所得的业务费连柜台租金都不够支付。其实，倘若他当初选择开办一个花卉园，或许早就挣到钱了。

第二，我创业成功的核心资源优势是什么？我具备的条件是足够的资本、行业经验、客户资源、技术创新还是商业运作能力？与即将面对的竞争对手相比，我是否有明显的优势？

重庆某贸易公司的经理王映是长春地质学院矿物分析专业的高材生，有地质工程师的技术证书，坚实的专业知识使其如虎添翼。他毕业后选择做珠宝生意，到 2015 年，已有数千万元的个人资产。

第三，创业最大的风险是什么？最坏的结果是什么？我是否能承受？不要只想到乐观的一面，对风险一定要有充分的心理准备。否则，万一现实状况与想象的不一样，就会一下子动摇信心。

张宝元曾开过饭店，当初想着饭店靠近居民区，生意肯定不错。开业后，却发现没仔细核算成本，过于乐观了。因为饭店面积太大，每月的房租和各种开销太多。加上张宝元不太懂关系疏通，勉强维持半年后，只好转让。这就是对风险没有充分的预测。

大学生一定要在弄清楚以上几个问题之后，再决定是否创业。很多创业者的失败，都是创业前心理准备不够，匆匆忙忙进行创业，最后失败得一塌糊涂。假如准备不足，条件不具备，晚一点创业也不迟。

王永强2013年大学毕业后，进了一家桶装水公司。他比较健谈，再加上能吃苦的品质，受到了老板的赏识，从一名普通的业务员被提升为一名业务经理。2015年，王永强感觉自己对这个行业已经十分熟悉了，并且也有很多客户资源，就辞去了原来的工作，决定自己开一家桶装水公司。他认为，凭借自己积累的经验和人脉，肯定会创业成功的。在他准备自己创业时，有朋友曾劝过他："你自己创业是件好事，但千万不能盲目。不要看现在公司做得这么好，你就认为自己可以做了。其实，成功是公司上下大家伙儿的功劳，企业不是靠一个人能做好的。有些事情，自己真正做起来之后才会发觉力不从心，事非所愿，希望你三思。"但王永强没听。

2015年劳动节期间，王永强的桶装水公司开张了，开张没几天便遇到了诸多困难。首先是产品品牌知名度不高，尽管王永强的产品在质量和价格上有一定的优势，但由于刚刚创业，很多客户不了解王永强公司的桶装水，担心质量不行。其次是该行业竞争相当激烈，为了赢得更多客户，王永强在价格上频频让利，从而使得公司的利润空间越来越小。最后，坚持到了当年11月份，在赔了5万元后，王永强只好关门大吉。

从上面的故事可以看到，创业失败往往源于盲目。创业前的准备很重要。创业者在创业前需要明确地知道自己的核心竞争力在哪里，是技术、产品、服务、人脉资源还是资金实力？因此，年轻人不要盲目地进行创业，而应先积累一定的职业经验，熟悉市场状况。有了一定的资金、客户资源或者独特的商业模式后，再寻求创业，这时创业失败的概率就会大大降低。

创业除了前期的准备外，还需要有良好的心理素质。能成功创业的人都有一个共同的心理素质，那就是意志刚强、坚忍执着。在现实生活中，绝大多数的创业者在迈出创业第一步的时候，都是一个非常出色的创业者。但接下来再往前走的时候，有些人就开始退却，失去了创业初始时的那种热情。创业就如同登山，创业的道路上充斥着难以胜数的艰难险阻。要成功创业，就必须具有坚韧的毅力，越过一个个艰难险阻。只有这样，才能在遇到困难的时候不灰心丧气，不被困难击倒。相反，如果没有这种毅力，也许你会凭着一时之勇跃过一两个坎坷，战胜一两个困难，但随着坎坷的增多，创业难度的增大，一时之勇就可能会变成一蹶不振，再也爬不起来了。由此看来，坚韧的毅力的确是成功创业不可缺少的条件。

再强调一下，思想准备比资金准备更重要。在创业前及创业过程中，必须树立和强化信心意识、磨练意识和自强意识。在创业过程中肯定会遇到很多很多的困难，只要有信心、有毅力，就能坚持下来，走过最艰难的路。

总而言之，创业之路是很艰辛的，没有一定的思想准备是难以从众多的企业中脱颖而出、走向成功的。所以，请广大的大学生们在创业前先做好思想准备吧。

四、你是不是当老板的料

通过开店、办工厂等方式创业，都是好事。但是，投资有风险，创业有艰难。史玉柱说得好：当你准备做一件事时，认为已经准备得很充分、很完美了，但真正去做的时候才发现，原来还有80%的事情是自己没想到的。很多有抱负的大学生都希望通过创业获得人生事业的成功，但是创业成功者毕竟是少数。在新创企业中，至少有50%会在半年之内倒闭，倒闭的主要原因是没有清楚认识自己是否具有当老板的能力。

常延海原是上海一家外资企业的财务总监，年薪曾高达50万元。后来，为了照顾家人，他回到家乡山西太原，到了一家中型民营企业做财务总监。后来，公司董事长因故退出了企业经营，常延海就和该公司的总经理、营销副总组成了创业团队，筹资 300 万元，注册了一家新公司，继续做原来的业务。

原总经理是第一大股东，占 50% 的股份，做法人代表；他是二股东，占 30% 的股份，主管行政、财务；营销副总占 20% 的股份，仍主管营销。他们带领着原公司的主要骨干人员，在同一行业内开始了创业。然而，300 万元资金在不到半年的时间里就耗费得差不多了，挣钱没指望，每月至少亏损 30 万元。怎么办？3 个股东协商后继续按股份比例投资，弥补亏损。于是，常延海又从家里拿出 60 万元补亏。大概又持续了半年，3 个人几乎把家里的钱都花光了，却还见不到利润，公司只好关门大吉。

当初创业时，3 个人都想：老板不干，我们照样能干，因为平时的活儿本来就是我们干的。原班人马，原有的熟悉市场，不就是缺流动资金吗？他们本计划半年就盈利，而且觉得 300 万元的投资里面包含着丰足的备用金，无论如何都能把公司开起来！可没想到，仅仅一年时间，300 万元花完后，3 个人又投进去将近 200 万元，却几乎全打水漂了！

原班人马、同样的市场，他们过去在董事长的带领下，带着员工随便一年都能赚上千万元，而现在却濒临倒闭了，这是什么原因呢？常延海一直想不通这个问题。痛定思痛后，他才有了答案：过去总认为自己正确，是董事长阻碍了公司的进一步发展，自己的很多想法不能实施。等真正自己当老板了，才知道老板真不是好当的，需要处理的事情比当初复杂多了。而且，当了老板才知道，一个人的能力和水平太有限了，才知道过去对自己的能力评估过高了。现在总算明白：自己远远没有当老板的能力。

有句俗话说：光看见贼吃肉，没看见贼挨揍。同样的道理，很多人光看见当老板风光无限，没看见老板背后付出了多少心血，历经了多少艰难。即使开一个小小的工厂，没有订单发愁，工厂一开门，工人工资、房租、工商、税务、水电费等都是钱；有了订单，还发愁，要忙着赶活儿，担心延误工期，担心质量不好；产品批发出去了，更发愁，发货还要收款呀，现在信用普遍不好，拿走产品不给钱的大有人在……

很多人不想看老板的臭脸，不愿听老板的斥责，不要再做打工仔、打工妹，想要自己创业做老板，最后大多数人都是碰了南墙才回头。人类从事经营活动的历史不下千年，不用说千年的企业，就算是百年老店，现如今也显得弥足珍贵了。从人生科学规划的角度来看，创业毕竟是一个充满风险和挑战的人生历程，创业者更是社会中的特殊群体，创业绝非人人皆可尝试的人生游戏。如果今天你真的一定要创业当老板，那么你不妨牺牲一点时间，看看下面的一些要求，看看你是当老板的料吗？

1. 是否具备商业心态

有什么样的心态做什么样的事。做商业，自然要具备商业心态。那么，这个商业心态由哪些因素构成呢？通俗点来说，商业的根本目的是营利，所谓的市场选择、产品、项目、运营方式等都是过程和工具而已，一切都应该是以营利为最终目的来运作的。

准老板不能依据自己对某项产品的喜好、个人对某块市场的看好做决策，更不能一味认定自己的某种市场操作思路非常先进，进而将其作为项目发展运行的指导思想。许多准老板就栽在这个方面了，他们完全是以自己的个人喜好和单方面判断标准来选择市场和产品，以个人化的感性心态而非理性化的商业心态来规划运行发展方案。结果往往是准老板把一大批自己很喜欢的商品砸在了手里。

还有许多人把这个商业心态的问题简单化了，以为有赚钱的心态就会做生意了。绝大多数人都有赚钱的想法，问题是：有没有想清楚怎么赚钱？你的思路、方案是正确的吗？客户和消费者能接受吗？资源投入和回报率是合适的吗？每一步的具体做法又在哪里？有没有预先做一些问题和事故的预防准备工作？所以，具备商业心态是从纯粹打工者提升到准老板最为关键的前提因素。

2. 要对自己的实力有正确认识

实力首先就体现为厚实的专业知识。投资创业，无非是想在某一行当中脱颖而出赚大钱，没有厚实的专业知识就等于建造空中楼阁。除此之外，实力还包括机敏的业务能力：不抓信息，发财的机遇就可能擦肩而过；没有伶牙俐齿的口才，在生意谈判场上就会受制于人；不搞公关，不会吆喝，不善于推销自己，等于画地为牢，再香的酒也只好埋名于深巷里。

软件设计师张桂中受聘于多家电脑公司，每到一家都能给老板创造丰厚的利润。天长日久，他不甘寄人篱下，自己在北京中关村鼎好商城租了个柜台，办起了公司，但业务却很清淡。原来，他只会设计软件，却不会设计自身的业务能力，并且性格内向，见人怕说话，根本就不是当老板的材料。无奈之下，他关闭公司，投奔原来的老板，继续做自己擅长的软件设计工作。

3. 必须具有高超的理财技巧

当上了老板，因为企业是你自己的，开弓就没有回头箭了，谁也不会因为你生意不好就同情你、谦让你，该交的税要交，该付的工资要付，房租、水电费、办公费等，一分也不能少。当了老板，你就等于是自己的长工，不管生意好不好、收入高不高，你都得扛着。所以，老板一般都习惯于算账，因为他们长期生活在成本和利润之间，在花一笔钱时，自然而然就会计算。有钱无计划，花钱如流水，不是老板的品格。而我们周围，有些个体公司的老板，讲阔气，摆派头，出手非常之大，公司运转两三个月，资金就周转不开了。

一个称职的老板是很会算账的。公司固然要包装，但没有必要金碧辉煌，要量力而行，不可打肿脸充胖子；公司要应酬，但不必大吃大喝。想创业，就得勤俭持家，胡乱花钱的人是不能持久的。今天有米，谁也不能保证永远有米，所以即使赚了钱，老板也有危机感。也许在一笔生意上赚了很多，但一年中还有很多没有生意的时候，但没有生意仍然有支出，所以公司不能不有所储备。另外，还有一些生意是亏本的，公司要办下去，总得扯平了算账，削高补低，才能维持。

很多人羡慕当老板的，其实老板并不自由。当老板就得学会演戏，不管什么时候都要做出一副成竹在胸的样子，给人以依赖和鼓舞。只有夜深人静，拖着一身疲惫回到家里，才能卸下面具，恢复真正的自己。老板如此，明星如此，一切想要出人头地的人都是如此，永远在戴着脚镣跳舞。所以，在走上创业这条路之前，认真地问一下自己：是不是真的要去创业？是不是真是创业的材料？如果答案是肯定的，那就不要犹豫，大胆去干吧！

第二堂课

是本钱还是借钱

凡谈及创业，必引出创业资金问题。任何创业都是需要成本的，就算是最少的启动资金，也要包含一些最基本的开支，如产品定金、店面租金等，更别说大一些的商业项目了。因此，对大学生来说，能否快速、高效地筹集到资金，是创业成功至关重要的因素。一般来说，创办小企业还是依靠自有资金比较好，或者向亲友借钱；如果规模稍大一点，可以考虑向银行贷款或者融资。总之，每一笔钱都要用得清醒，花得谨慎，珍惜手上的现金，争取让公司活得久一点，熬得过创业初期。

一、万事钱为首，有粮心不慌

筹集资金绝对是创业的第一要务。因为一般来说，创办企业，无论大小，都得投资，如厂房、店面、机器设备、工业产权、专有技术、工人工资、原料、耗材、办公费用等都需要资金。没有资金你就建不起厂房，租不来店面；没有资金你就买不来机器设备，请不来工人。总之，没有资金就寸步难行。可以这样认为，创业的道路就是用资金铺就的道路。

但是，有了资金也未必能创业成功。有些人容易低估经营企业所需要的资金，他们对于一些显性的开支（如原材料和劳动力）看得倒是非常清楚，而对于一些隐性的开支（如信息成本、管理成本、利息支出以及信用损失等）则容易忽略。一到具体创业的时候，他们总是低估创业资本的总额。还有一些人，在创业之前粗略地估算了一下创业所需要的资金，觉得自己手中的这些钱已经足够了，在自觉颇具胜算的情况下开始了创业，匆匆忙忙地干了起来。等干了一段时间之后，才发现一切并不如自己原来所想的那样，该来的订单迟迟不来，“不该来”的账单却一张接着一张地飘了过来。日常费用一天高于一天，等到自己的积蓄用光了以后，只好黯然收场。

由此可见，创办企业的时候，起步资金和后援财力是否充沛是创业成败的首要因素。

和许多年轻人一样，2014 年大学毕业后，河北省保定市的苏现刚一直梦想着自己当老板。于是，他筹借资金开了个服装店。苏现刚的店铺位于保定市裕华路商业街，是保定服装店最集中的街道，店铺的租金也贵。当时他看中了一间约 40 平方米的店铺，即使这样小的一个门面，一个月租金也要 5000 元。租店后，苏现刚开始着手装修。因为当时心气太高，对装修要求也高，觉得要做就做个有档次的店，最后一计算，店铺装修一共花去了 2 万多元。但现在让苏现刚着急的是店铺虽然有了，但还没有找到进货的渠道。听别人说广州的货好，苏现刚到广州的北京路逛了大半天，发现这里的服装虽有特色但价格昂贵，感觉不行，只好改道有名的服装集散地——东莞虎门。

苏现刚后来说：“因为时间紧急，我匆匆进货，再加上对行情了解不够，结果拿的货不太符合市场行情。这一点是我回到保定，小店正式开业以后才发现的。”苏现刚这一次进货花去了将近 4 万元。因为对风险估计不足，流动资金准备不充分，坚持半年后已经没有进货的钱了。

为了继续周转，以前进的服装全部赔本甩卖。苏现刚利用回收的这些资金再次动身去了北京大红门服装批发市场补充货源。但终归由于经营不善，资金匮乏，经营一年后，苏现刚实在支撑不下去，服装店只好关张。

人们常说，一分钱难倒英雄汉。在我们的生活中，没有钱，你就会寸步难行；没有钱，你就能充分体会英雄末路的滋味。生活中如此，创业更是如此。可能有些人认为，目前在我们的社会中闲散资金很多，找人投资并不太难，只要你有赚钱的门路，不愁没有人投资。其实，这是一个错误的认识。如果你真的有那么多的投资门路，早就发了大财。在我们的社会中，有许多人自认为自己有许多的发财路子，有许多的创业设想，只是没有真正创业，要是创业也早就发达了。其实，说这话的人，是他没有真正地去做，去行动。如果真的去做了，事情绝不像他想象的那样。

可见，在你创业的时候，在你创建企业或是开办公司的时候，必须要有一个好的资金筹集计划。预算创业所需要的资金便成为创业之前必须考虑的问题。一般来说，创业需要的资金主要由以下几个部分组成。

1. 项目本身的费用

这里所指是选定项目的直接费用。比如，你要购买某一项技术的费用，购买某种机器设备的费用，以及某一个项目的加盟费用。如果你是直接到项目方考察，还需要算上你的差旅费用。

2. 经营设备、工具等的购置费用

主要是指项目在经营过程中所需要的辅助设备和工具。买回机器后，还需要考虑配电机，解决生产动力电等问题。

3. 房租、房屋装修费用及流动资金

在预算这些费用时，要根据当地市场行情计算。房租一般至少要算入3个月的费用，因为现在租房至少也是一季度付一次，有的是半年或

者一年付一次。房屋装修费用视项目而定。如果是开餐馆，要按照当地卫生防疫部门的规定装修，否则不能通过，领取营业执照就比较困难。像加盟店一类的装修，如果是经销产品，还要算进货柜、橱窗的费用。至于流动资金，则要根据具体情况计算。

4. 经营周转所需要的资金

运行一个项目，至少要准备能支付三四个月的经营周转资金，包括人员工资、水电费、电话费、材料费、广告费、维修费等，如果有分期偿还的借款，也要算入。一个项目在最初运行时，需要经过至少 3 个月的市场培育期。这 3 个月内，也许赢利很少，也许根本就没有赢利，因此，事先必须要有足够的资金准备。如果是办工厂，除了以上的一些费用外，还需要计算半成品、制成品、原材料等占用的资金。

5. 营业执照及其他类似费用

2013 年修订的《公司法》规定，公司注册资本实行认缴登记制，放宽了注册资本登记条件，简化了登记事项和登记文件。有限责任公司股东认缴出资额、公司实收资本不再作为公司登记事项。公司登记时，不需要提交验资报告。从这个方面来说，目前注册公司是极为方便的，也符合国家支持“大众创业，万众创新”的政策。

2016 年 6 月 30 日，国务院办公厅发布了《关于加快推进“五证合一、一照一码”登记制度改革的通知》，从 2016 年 10 月 1 日起正式实施“五证合一、一照一码”，进一步为企业开办和成长提供便利化服务，降低创业准入的制度性成本，优化营商环境，激发企业活力，推进大众创业、万众创新，促进就业增加和经济社会持续健康发展。

新的“五证合一”办证模式，采取“一表申请、一窗受理、并联审批、一份证照”的流程：首先，办证人持工商网报系统申请审核通过后打印的《新设企业五证合一登记申请表》，携带其他纸质资料，前往大厅多证合一窗口受理；窗口核对信息、资料无误后，将信息导入工商准入系统，生成工商注册号，并在“五证合一”打证平台生成各部门号码，补录相关信息，同时，窗口专人将企业材料扫描，与《工商企业注册登记联办流转申请表》传递至质监、国税、地税、社保、统计五部门，由五部门分别完成后台信息录入；最后打印出载有一个证号的营业执照。办证模式的创新，大幅度缩短了办证时限，企业只需等待 2 个工作日即可办理以往至少 15 个工作日才能够办结的所有证件，办事效率得到提高。

以上证照办理流程已经得到极大简化，办理费用甚至可以低至几百元（主要是刻章费用）。当然，如果找人代办，则根据各地的不同情况，收费也有较大差别。具体可以咨询当地的代办中介。

另外，某些需要前置审批或者后置审批的行业，如餐饮、药品、住宿、幼儿园等，还需要到相关部门办理相应的证照，其办理时限和费用差别也比较大。

二、负债不可怕，但一定要谨慎

面对创业资金的问题，假如自己手头不够宽裕，该如何去筹措资金呢？一般来说，创业者筹措资金的方式和渠道不外乎这么几种：自有资金、向亲友借贷、银行贷款融资等（下文有详述）。

对于创业者来说，资金是非常重要的。租店面、进货、雇人等都需要钱。资金就是企业的血液，有钱虽然不一定能创业成功，但是没有钱只有死路一条。如果创业者的资金链条脆弱不堪，不管他的经验多么丰富，有多么好的市场资源，却没有钱去开拓市场，去办他自己想办的事，他的创业步伐随时随地都可能在经营过程中戛然而止。

为了挣钱，重庆人杨金虎在创业之前在建筑工地上当过小工，干得很辛苦。直到后来学了设计后，他才开始做服装设计、工装设计。2014 年，杨金虎在老家开了自己的服装加工厂。为了投资这个加工厂，他向亲朋好友筹借了 15 万元。但开了不到 3 个月，由于流动资金不足的原因，只能眼睁睁地看着加工厂关门了。原因就是没有更多的钱再投到里面。他跑出去借钱，但是他的亲朋好友也都是普通人，很难筹集到更多的资金；去银行贷款，因为没什么抵押和担保，再加上他本身也没有太大实力，很难贷到钱，只能眼睁睁地看着工厂关门。

创业的资金最好是自己所有的，即通过自己的储蓄或将自己的动产、不动产变现来筹集资金。在实现个人的创业美梦时，这是风险最低并且压力最小的一种方式。但一般情况下，完全依靠自己的资金来创业的情况是非常少见的，因为创业所需要的资金相对较大，哪怕是小型创业，也不是普通人的自有资金能够承受得了的。所以，必须向别人或者银行借贷，采用借鸡生蛋的方法。

一般来说，创业资金的筹措方式不外乎 4 种：一是自有储蓄，二是向亲友借贷，三是利用社会闲散资金，找人投资，四是向银行借贷。下面就来分析一下这 4 种资金筹集方式的可行性及可能的结果。

在这里，我们暂时把自有储蓄放下，先分析其他三种筹资方式。后三种筹资方式有一个共同的特点，就是要“看别人脸色行事”。只有在别人愿意的情况下，才能把钱借给你。

大多数创业者的第一笔融资都是从亲友那里得到的。在借钱难度排行榜里面，亲友的钱往往是最好借的，因为大家多多少少有一些血缘或关系，信任度就高一些，戒心会小很多。但是借到以后，你会面临一个问题：时时刻刻有把柄落到人家手里。这个时候，钱已经不是商业往来，而成了很多人难以承受的人情债。

比如，你借了姑姑 10 万元用来创业，且不说创业失败后怎么还钱的问题，就算你创业成功了，姑姑开口说她小姑子的儿子游手好闲，想安排他到你的公司来做事情，你是答应还是不答应？如果不答应，就是恩将仇报；如果答应下来，就会坏了你公司的规矩。这个小子如果在你公司里面仗着自己是老板的亲戚，又是“投资方”介绍来的，于是胡作非为，你管还是不管？所以，向亲戚借钱未必就很妥当。很多创业者因为生意和亲戚闹得不开心，往往是因为借钱的问题。

再来说说找人投资和向银行借贷。别人（包括银行在内）凭什么决定借钱给你呢？他们在做出决定之前，首先要考虑你有没有偿还能力，其次要看你的投资项目的风险程度和收益率高低（注意：虽然你所从事的项目在你看来可能既没有风险、收益又高，但别人不一定认同你），最后还要看你的信用等级的高低。

这 3 个判断标准对你都极其不利：第一，刚刚毕业就创业的你，收入较低且不稳定，很难保证有能力偿还借贷；第二，你的创业方向固然可能很好，也容易赚钱，但可能会由于别人对你的经验与能力存有怀疑而大打折扣；第三，刚刚创业的人的信用等级都比较低。综上所述，如果想把借钱、贷款、利用社会闲散资金的想法变为现实，就得先攻克一个又一个的关卡，不信你试试。试一圈下来之后，你肯定会感慨："看来还是有钱人借钱容易，越是没钱，借钱越难。"

如果能够通过自己储备足够的创业资金，最好还是自己动手储蓄好。这是因为向别人借钱容易走向两个极端：一个极端是所承受的压力太大，在拿到别人的钱以后，常常会因为害怕万一输了、赔了就很难再翻身，因而患得患失，使自己背上沉重的心理包袱，进而影响到自己的创业进程；另一个极端是认为反正借来的钱不是自己的血汗钱，来得很容易，不必珍惜，因而用起来大手大脚，一掷千金，轻率盲目。这两个极端对创业都具有极大的危害性，都可能白白葬送你的创业大计。

借钱可以影响一个人的人际关系和正常人格。一旦与别人有了债务的纠缠，这种精神上的压力就很难摆脱。不到万不得已，千万不要借朋友、亲友的钱，哪怕是借 100 元。因为朋友、亲人之间一旦发生了借贷关系，你们之间的平等关系就被破坏了，出借方往往就会居于上风，而借方则明显处于下风，这样借方一定会处于屈就的位置。

通过自己的储蓄储备创业资金最为切实可行。这种方法风险最低，给创业者造成的心理压力最小，能让资金效益发挥最大的作用。因为创业资金完全来源于自己，自己拥有对资金的绝对处置权，不受他人的牵制，同时自己对资金负全责，资金的运用完全是自己说了算。这样一来，自己的创业意图就能通过对资金的调控得以顺利实现。

所以，创业时应优先考虑自行解决资金问题，负债经营的风险很大。但如果自己没有储蓄或储蓄不足，也可以在考虑成熟、明白后果且有较为明确的还款计划的情况下去借钱创业。本质上，负债并不可怕，可怕的是拆东墙补西墙式的负债。

三、没有钱怎么创业

没钱、没经验、没人脉，“三无”人士怎么去创业呢？很多人面对创业都有诸多疑虑。实际上，不要被假象迷惑了，即使什么都没有，也可以白手起家。很多草根儿创业者在成功后回忆说，当时的畏畏缩缩只会给自己增加心理负担，对自己的未来没有太多的好处。只要自己想创业，就一定有办法克服重重困难。资金、经验、人脉，只要你想，就会有解决的办法。

赵建勇在一家公司当货车司机。他很想自己开一家运输公司，可惜没有资金。2014 年年初，他邀请另外两位司机朋友一起干。他们 3 个人的钱加起来只够买一辆车。车买回来后，他们用这辆车作为抵押向银行申请贷款，又买回一辆车。他们再用第二辆车作为抵押向另一家银行申请贷款，又得到买一辆车的钱。这样，他们的运输公司就办起来了。2015 年年底，他们已拥有 5 辆车，生意很红火，贷款也还了一半。

对于创业者来说，智慧是不分等级的，它没有好坏、高下的区别，只有好用不好用、适用不适用的问题。当年红桃 K 集团董事长谢圣明带着一帮人在农村的猪圈、厕所上大刷广告时，遭到了多少人的嘲笑。但是，曾经在猪圈上刷广告的谢圣明如今已经成了亿万富翁，而当年那些讥笑他的人呢？当年贫穷，如今依然贫穷！想当创业者，就需要有智慧，并且不拘一格，出奇制胜。作为新时代的大学生，你的思维是否至今依然因循守旧呢？

资金问题常使想独立创业的大学生踟蹰不前。没有资金使每个创业者面临着困难，有人头脑灵活，想办法东挪西凑，筹集到了本钱；有的人碍于面子，不肯求人，头脑呆板，不灵活，找不到本钱，只好作罢。在中国，想创业不得不先想到“钱”。当今的商业氛围就是这样的：没钱别创业。

创业是一个斗体力的活动，更是一个斗心力的活动。创业者如果有足够的智谋，即使没有钱，也可以创业。下面我们来看一个真实的故事。

万通控股董事长冯仑不是有了钱才有本事，他是因为有了本事才有了钱。1991 年，冯仑和王功权南下海南创业的时候，兜里总共才有 3 万元钱。3 万元钱要做房地产，即使在当时的海南也是天方夜谭。但是冯仑想了一个办法。信托公司是金融机构，有钱。他就找到一家信托公司的老板，跟对方讲了一通眼前的商机，说自己手头有一单好生意，包赚不赔，说得对方怦然心动；然后提出：不如这样，这单生意咱们一起做，我出 1300 万元，你出 500 万元，你看如何？于是该老板动心了，慷慨地甩出了 500 万元。冯仑就拿着这 500 万元，让王功权到银行做现金抵押，又贷出了 1300 万元。他们就用这 1800 万元买了 8 幢别墅，略作包装然后转手，赚了 200 万元。这就是冯仑和王功权在海南淘到的第一桶金。

很多人都问：没钱、没经验，想创业怎么办？那就去街头摆地摊。很多人都不屑于此，认为太没前途、太丢人了，其实他们失去的可能是很好的机会。

江西上饶的黄仁贵刚刚大学毕业，没有人脉、没有资源，家里条件很差，更加没有资金。工作不好找，想要创业也没本钱。他看着北京大兴黄村地铁口旁摆地摊的小贩，灵机一动：干脆自己也摆个地摊试试。虽然自己身为大学生，但大学生也要吃饭啊，他上网买了一批剪刀、电池、充电器等生活常备小物品，开始了地摊创业。

起先的摆摊生涯并不好过，整整一下午，他只卖了两个防风打火机。虽然没有卖出什么东西，但是他认识了很多朋友。黄仁贵一直没有以大学毕业生自居，他身材黑瘦、性格踏实、平易近人，这让身边的摊主都愿意亲近他。他跟卖烤面筋的两个小兄妹混得很熟，与一个卖凉皮、凉面的大姐聊得来，还认识了一个年纪跟他差不多的卖水果的小伙子。

黄仁贵广交朋友，在这个小小的摊位上，他学会了对什么人说什么话。而且，很多摊主的年纪都比他大很多，要不就是经验比他多很多，他都虚心请教。渐渐地，他的地摊生意好了起来。虽然生意见好，但是并没有他想象得那么好，一月也就挣1000多元，剩不下多少钱。为什么销量上不去呢？他百思不得其解，因为他已经把自己的利润压得很低了。旁边一位卖旧书的大叔一直跟黄仁贵谈得来，提醒了他一句：“在地摊上卖钻石，一辈子也卖不出去。”黄仁贵恍然大悟。他的东西进价偏高，一个毛绒玩具进价20元，他卖25元。虽然利润不算高，但是半个月了，基本都没卖出去。

卖书的大叔建议：“你卖的东西都太贵了，地摊上的小商品尽量不要超过10元，最好是卖三五元的东西，比如袜子、鞋垫、头绳、钥匙扣等。”

黄仁贵受益匪浅。换了货源之后，他还有了更大的收获。随着经验的增加，他的生意越来越好。在一些特殊节日，他每天能挣三四百元。不仅如此，黄仁贵开始把地摊“摆”到网上，早晚客流量多的时候他就在地铁旁边摆地摊，白天他就去网店上守着。渐渐地，他的钱够租个铺子了。有了实体店铺的黄仁贵，做起网络生意更加得心应手。在经历过困难后，黄仁贵终于打开了自己的成功路。

黄仁贵的成功告诉创业者，生活从脚下开始，创业要从自己的实际出发。

为鼓励自主创业，国家和地方都出台了很多利好政策。优惠政策好比是创业的助推器，能降低创业成本，提高创业成功率。对于缺钱、少项目的创业者来说，如果能抓住这样的机遇，就能开创自己的事业。

对于政府部门为鼓励自主创业出台的优惠政策，创业者应该多加留意，如果对优惠政策不关注或不了解，以至于白白错失了很多“省钱”机会，就是一种极大的损失。自主创业者需要知道国家都有哪些有利的政策。

1. 争取政府提供的政策性扶持资金

王中辉是郑州大学计算机专业的老师，但他并不甘心于仅搞教学，十分希望办个软件公司，充分发挥自己的才能，怎奈没有资金去创业。2010年，他得知郑州市将创办高科技企业孵化基地，对通过资格审查的企业将提供3年免租的办公场所，并给予一定的创业扶持资金。这无疑是个难得的创业机会，王中辉立即带领几个成绩优秀的学生创办了一家软件开发公司，不仅不花一分钱就获得了100多平方米的办公场所，而且还得到了20万元的扶持基金，正好作为创业资金。

作为调节产业导向的有效手段，各地政府每年都会拿出一笔扶持基金。假如你是高科技人才，不妨争取这种政策性的支持，一旦成功，资金问题自然迎刃而解。

2. 争取投资者提供的风险投资

能得到一笔风险投资，对于创业者来说，远比借款的方式更为见效。如今，有很多大公司、大集团甚至个人手中都掌握了大笔的闲置资金，他们也十分希望能找到可靠的投资对象。因此，假如你有好的项目，不妨找找风险投资。

3. 争取新办市场提供的免租金摊位

创业离不开理想的场所，而创业之初的很大一笔投资就是用来支付房租的。因此，只要你能转换一下脑筋，想办法获得一处免费的创业场所，那就相当于得到了一笔可观的创业资金。

周学峰想开一家自己的花店，而开花店最大的投资就是店面房租。他算了一下，大约每年需要3万多元，但是，大学刚毕业的周学峰没钱开店。2015年10月，他在报纸上看到太原市汇福花鸟市场的招商广告，广告上承诺第一批进场设摊者均可享受免收半年租金的优惠。周学峰毫不犹豫地申请了一个摊位，像模像样地办起了一家观赏植物批零兼营店。由于他的花卉货源充足、质量上乘，半年后就赢利5万多元。

4. 向银行争取抵押贷款

河北省保定市的崔海亮做了几年的皮鞋外贸业务，积累了一定的业务渠道，便打算自己办一家鞋厂。他仔细算了算，如果在保定市办个中等规模鞋厂，需要100万元的设备和周转资金，外加一处不小于200平方米的厂房。崔海亮通过朋友在保定近郊某镇物色了一家负债累累、濒临倒闭的皮革厂，以“零转让”的形式接手了这家工厂，也就是说，该镇以资债相抵的办法，将工厂所有的动产、不动产以及工厂的债务全部转让给了崔海亮。厂房的问题是解决了，但是100万元的资金从哪里来呢？

崔海亮到银行去贷款，负责信贷的业务员要他提供担保，可是上哪儿去找担保人呢？正在崔海亮焦急万分的时候，他的一位朋友一语点醒了梦中人：皮革厂就是现成的抵押物。就这样，崔海亮不花一分钱，就解决了资金和厂房的问题。当然，他也因此背上了不少的债务，这就要靠他通过今后的创业慢慢地偿还了。

其实，有不少人就是通过这种以小搏大的方式发家的。当然，这种募资的方法风险比较大，因为获得创业资金的代价是要承担一大笔债务。但是，创业本来就是风险和机遇并存的，如果你有足够的胆识，那么这种融资的办法将能帮助你在较短的时间里更快地走向成功。

对于每一个创业者来说，几乎都遇到过缺乏资金的问题。创业时，人们首先想到的是拿出全部的积蓄或者向亲友、银行借款。那么，自己的积蓄不够怎么办？亲友没有余钱怎么办？向银行贷款，没有抵押物怎么办？是不是就没有办法筹到创业资金了？其实，只要你广开思路，就可以找到许多更有效、更合算、更巧妙的筹资方法。

创业总是会遇到一些困难。面对困难，只要肯动脑筋，就一定会找到解决的办法。

四、借鸡生蛋，合理融资

量力而行，有多少钱就做多少事：有 1 万元就开个小卖部，有 10 万元就开个小饭馆。这是典型的中国式创业思维。

自己的钱是有限的，只有团结更多的力量才有更大的发展机会。所以，与别人合作，吸引别人的投资，利用别人的智慧和金钱就成为今天必不可少的方式。金钱在每个人手中的利用程度是不一样的，仅凭自己的力量赚钱的人，如果不具备筹措资金的能力，也就是说如果没有积极地去活用别人的金钱，无论是对个人还是对企业的发展来说，都是行不通的。

可以说，95% 以上的初创企业是在即将走出沙漠、望见绿洲的时候死掉了，因为很多创业者在出发前对路途没有足够的估计，没有带上足量的“水和食物”。会创造的是科学家，会管理的是经理人，会投资的是资本家，会借钱的才是企业家。基层员工的工作是由少到多，中层经理人的工作是由小到大，企业家的工作是由无到有。如何做到由无到有？借！如果你资源不够、准备不足，那就借吧！

是的，喜欢存钱的永远都是普通人，喜欢贷款的永远都是老板和富人。普通人存钱是为了生活、买房、孩子上学，为了防止失业、生病、没饭吃。老板和富人贷款是为了把生意做得更大，让钱繁殖出更多的钱。这是观念上的区别，也是本质上的区别。

很多大老板，自己的身家已经高达几千万元甚至上亿元，但还是设法找各个银行贷款，动辄就贷上千万元。他们这样说：“银行的钱，不用白不用。”有一位创业成功的大老板说：“要想成为老板，一定要多和银行发生关系，善于运用银行的钱、操作银行的钱。”这是很多人成为老板的秘密。

1. 私人借贷

私人借贷是指你从你的家人、亲戚或朋友那里借来的资金。家庭和朋友一般都是创业者理想的贷款人。许多成功创业的人在创业初期都借用过家人或朋友的资金。从家人和朋友那里筹集资金，有时候甚至是你唯一可行的选择。实际上，根据统计数据，家人和朋友是创业者开办公司所用资金的第二种来源（第一种为自有资金）。一般说来，家庭成员和朋友愿意支持你，主要是因为他们对你的亲情、友情以及对你的能力的相信和尊重。至于你的项目的好坏，他们好像并不是特别的关心。

当然，这并不意味着没有风险，而是风险在加大。如果你经营失败，你就无法偿还你从家人和朋友那里得到的贷款，至少在短时期内是这样的，这会给你的家人和朋友带来许多困难。也许对他们来说，借给你的那一笔钱是不小的数目，而且由于这种贷款把亲情、友情和金钱搅在了一起，有可能会带来更多的麻烦。在我们身边，有许多这样的例子，由于创业者无力偿还从亲友那里借来的款项，最后导致兄弟反目、朋友失和。

不过，有几种方法可以有效地减轻这样的压力。

第一，亲兄弟，明算账。无论你是从家人还是从朋友那里借款，都要打上一个借条，写明借款的时间、地点、数目与条件。其中的“条件”是指你可以参照当时的银行利率向家人和朋友支付借款利息。

第二，在借款之前，你最好向家人或朋友、亲戚如实地说明你的经营情况与项目，包括投资额度、预期收入与风险，然后把你的资金状况和缺口告诉他们，看看他们是否愿意将钱借给你，不要让家人或朋友、亲戚陷入尴尬的境地。如果你获得了他们的支持和贷款，你也要注意使他们不断地获得你的真实经营状况和信息，尽可能地避免他们内心对你产生的不信任感。

向家人或朋友、亲戚借款，尤其需要注意的是在整个过程中，要在一定程度上把个人关系与借贷关系区别开来。

在你向家人或亲戚、朋友借贷的过程中，如果有人对你的经营项目产生了很大的兴趣，而且他们也觉得有信心，你就可以询问他们是否愿意进行合伙经营。当然，你也得向他们说清楚，合伙经营之后，一旦创业成功，其所能获得的收益可能远远高于应有的利息，而一旦创业失败，其所要承担的风险也要远远大于他将钱借给你的风险。但是，只要你的项目运作得当，而且他们也很信赖你的能力，相信自己的判断力，那么通过合伙方式来筹集资金是完全可能的。再次强调，如果要合伙经营，一定要将合伙的条件说清楚，尤其是要把利益的分配与风险的承担问题说清楚。

2. 银行贷款

目前，国内的国有银行、股份制银行数量相当多，规模也越来越大，外资银行也不在少数，但对于现在4000多万家中小企业来说，有几家真的能够从银行获得贷款融资？除非公司的资产规模、收入规模等已经达到相当规模，成为地方上、科技园区的重点企业，否则，向银行贷款基本上就是一个梦。

从事中小企业贷款的银行主要是中小股份制银行，但相对于大企业贷款，小企业贷款的管理成本更高一些，风险反而更大一些，而信贷员做这两种贷款业务所耗费的精力却差不太多，所以他们当然更愿意为大企业服务。

银行给中小企业提供的贷款不仅在时间、风险、管理等方面的成本高，而且经营效益也比不上政府和国有企业的大项目。做具有政府背景的大项目能使银行自身获得快速发展，并且风险又小。银行本身也是公司，会考虑自身的利益。每家银行的目标都是做大、做强，中小企业贷款做多了，会限制银行自身的发展。虽然目前国家要求银行放开中小企业贷款，各家银行都成立了小企业贷款部门，但真正花费大量精力去做的并不多。

对于个人创业者来说，向银行贷款就更困难了。当然，如果你的条件符合银行放贷的标准，也是可以拿到贷款的。这时，你需要提供以下材料：

- 经营说明及经营策略；
- 管理能力综合评价；
- 资本要求；

- 个人经济状况；
- 融资计划与现金流量；
- 投资报告书；
- 贷款申请书。

除了这些相关的材料，银行信贷人员还经常会向你提出一些问题。对此，你也要有一定的心理准备。比如：

- 你需要多少钱？
- 你想用这笔钱做什么？
- 为什么这种贷款有利于你的创业经营？
- 你为什么不备足自己的资金来做这件事？
- 你什么时候能偿还这笔贷款？
- 你打算怎样偿还这笔贷款？
- 假如你的经营方案实现不了，怎么办？

对于这些问题，在回答的时候不要想当然，一定要通过你的回答让银行对你的经营和能力等有一个充分的了解，以产生信赖度。

3. 风险投资基金（VC）

找风险投资基金是一个新兴、时髦并且很流行的资金解决之道。在中国，风险投资基金是这几年才出现的新名词。你如果能说服风险投资者投资你的企业，自然是再好不过的事情。

要向 VC 伸手要钱，创业者要做很多准备工作，比如写商业计划书、做财务预测、收集 VC 联系方式等。但在做这些具体事务之前，创业者还要了解 VC 的钱跟其他渠道的钱有什么不同，能带来什么好处，找 VC 要多少钱合适，你的公司是不是能够对上 VC 的口味，VC 进来后对公司有什么改变以及 VC 对你的公司没有兴趣怎么办……

一般来说，VC 喜欢有过创业经历的创业者，成功的创业经历当然更好，而让 VC 赚过钱的最佳。当然，失败的创业经历也不是坏事，因为创业者能够从中学到很多经验。另外，创业者的工作履历也很重要，对于有知名企业高管工作背景的创业者，VC 会倍加关注，所以微软、百度、新浪等公司都培养了不少获得VC青睐的创业者。

很多公司融资失败，不是因为这些公司没有吸引力，而是创业者不了解VC，不知道VC是怎样运作、怎样判断项目的，而最重要的是他们不了解向VC融资的流程。

第一步，挑选出那些可能会给你投资的VC。创业者融资时面临的一个最大问题其实是不知道去哪里找到真正适合的VC，因为市场上有太多虚假的VC投资公司，他们的目的是骗取你的商业计划书。VC融资的第一步是非常重要的，一旦你知道哪些VC可能跟你匹配、值得花时间沟通，你就不必在不相关的VC身上浪费时间，而要集中全部时间和精力，定点“轰炸”真正有机会的VC。

第二步，向VC融资是很费时间的。锤子科技的罗永浩有那么厉害的口才，还非常有阅历，也是约了五十几轮才谈来投资。那些以为单凭一个idea就可以拿到大笔投资的想法只能说是“很傻很天真”。即使你融到资了，VC准备向你投资了，但投资款到账也有一个周期，快则3个月，慢则1年以上，通常是6个月。因此，对于创业者来说，融资前至少要留好6个月的现金余量，不要融资过程刚进行一半，公司就没钱了。预计年中需要钱的话，年初就要开始融资。而且，如果VC知道你现金流有问题的话，会拼命压低价格的。

第三步，学会与VC讨价还价。创业公司融资，等于是向投资人兜售亏钱公司的股票。别以为你找来一份VC名单挨家挨户地“忽悠”就可能引起热销现象。在和VC接触时，你如果能筛选出那么两三个愿意和你第二次、第三次见面的VC，已经可以说是初战告捷了。公司初创的阶段是你不得不忍气吞声的时候，你要250万，或许人家只肯出25万，其中8万是投资，亏了不用还，17万是借款，搞砸了还得赔。你怎么办？除了拿或不拿，别无其他选择。

创业者和VC的关系对于成功创业至关重要。创业者和VC的关系是长期的，甚至是一辈子的。对VC来讲，投资的另一个目的是发现并招揽人才。对创业者来讲，虽然不需要为VC的钱偿还利息，但是拿了他们的钱就必须尽力将公司做好，以获得VC的青睐。一些目光短浅的创业者把 VC 公司当作一次性免费提款机，只拿钱而不承担应尽的义务，最终反而永远地切断了自己的后路。和很多行业不同，不同公司的 VC 们经常互通消息，一个创业者一旦在 VC 圈子里失去了信用，基本上就一辈子失去了再次获得 VC 投资的可能。

总而言之，如果你还停留在用自己的钱赚钱的想法之上，那么你的思想还在“封建时代”停留着呢，与“信息时代”简直是格格不入。在当代社会，用钱找钱，以人吸人，天下的人、财、物皆能为我用者，方为智者。

第三堂课

是节俭还是大气

对于很多年轻的大学生来说，本身资金就不够丰富，如果能够在创业初期保持低成本运营的状态，就会提高创业资本的利用率，无疑会增加创业的成功率。

对内可以节约，对外呢？则不能因为节约而显得小气。在力所能及的范围内，不妨大气一些。另外，自身的形象也需要设计，在无形中累积自己的人脉和气场，让圈内朋友们认识到你的大气，都想和你结交，愿意和你做生意，那么你的创业又有什么理由不成功呢？

一、创业需节俭，亏钱容易赚钱难

著名的风险资本家弗雷德·阿德勒说：“我的一个‘定律’是：成功的可能性与经理办公室的大小成反比。”一位女老板在她第一次创业失败后说：“我如果再次办企业，驾驶的会是一辆五菱面包，而不是奥迪 A4。”简单的话语中却包含了一条真理：节约资金是创业的第一步。

想要创业，要考虑的因素有很多。首先，针对有限的创业资金，要学会节约。一般来说，创业的现金永远是不够用的，你要做的事情需要用到的资金量远远超出你现有的金钱。怎么才能减少现金支出呢？这就要学会用很少的钱做很多的事。只有把手中的钱合理地运用到经营活动中，才能获得更高效益，赚到更多的钱。

在北京，有一家以炖品为主打产品的餐饮连锁企业，其创始人郭刚从前是开宾馆的。郭刚开宾馆时一直赔钱，后来痛定思痛，转变思路做餐饮，并且下功夫在成本上做文章。这家餐饮连锁企业一连在市内开了 6 家分店，却都没有配备普通饭店里常见的那种大厨房，这在全国都是绝无仅有的。原因在于郭刚原来在成本上吃过苦头，如今二次创业，他首先考虑的就是成本问题。北京市内寸土寸金，尤其是铺面房，租金更是高得惊人。按通常的做法，开餐饮都是前店后厨，或楼上是店堂，楼下是厨房，那么，6 家连锁店加起来得要多大面积的厨房？每个月得付多少租金？反观北京郊区及周边，房屋租金就便宜很多，尤其是非临街、非商业活跃区的偏僻地段，房租更便宜。于是，郭刚在北京东六环外的河北燕郊地区租了一个近 3000 平方米的厂房，改造后用作自家炖品的加工车间，每天分三四次向市里的各个分店配送近万件炖品。此举让他节省了大量的成本，使其在面对其他竞争对手时，首先就在成本上占据了绝对的优势，加之不俗的口味，生意自然火爆，从而财源滚滚。

在各地，都有很多懂得控制成本的小生意人，他们能把生意逐步做大，维持每年几十万元的利润，就是因为会节省。例如：做地板的，可以把地板榫头减少 1 ~2 毫米，不影响正常使用，但却增加了 0. 11% 的单位利润；做餐饮的，会在凌晨 3 点开车跑几十千米去新发地蔬菜批发市场购买食材，以降低采购成本……

浙江有家公司是全球塑料吸管市场最大的供货商。该公司生产的吸管 90% 以上用于外销，一年的产量占了全球吸管需求量的四分之一以上，而这位“世界冠军”却是用 8 毫钱利润攒起来的！一根细细的吸管的平均销售价约为 8 厘钱，其中原料成本占 50%，劳动力成本占15% ~

20%，设备折旧等费用占 15% 多，纯利润约为 10%。也就是说，一根吸管的利润约为 8 毫钱。为了节约成本，公司的一切都“丝丝入扣”：夜里的电费成本低，公司就把耗电高的流水线调到夜里生产；吸管制作工艺中需要冷却，生产线上就设计了水冷却法（当然，产品的最终质量必须是过硬的）；吸管要耐热，所采用的塑料就必须符合安全标准；不同国家的客户对吸管的颜色、形状有不同的需求（有的客户甚至只要黑色的吸管），公司就会及时开发。

这家公司的老板说：“这是不得已而为之。不精打细算，我们就保不住微利。”正因为这个产品不起眼，别人又不屑于生产，他反而做到了最大！如今，公司每天有两个集装箱、约 8 吨产品运往世界各地。8 吨吸管相当于多少根？大约是 1500 多万根。小吸管每月给公司带来的利润约 40 万元，而且市场非常稳定。现在，这个老板又在向塑料口杯等不起眼的领域扩展，同样很顺利。

目前，很多小企业的利润空间都远远大于 8 毫钱，然而，由于财务管理水平低劣，到最后甚至连 8 毫钱的利润空间都保证不了。

养成节俭的习惯，尤其要杜绝铺张、糟蹋的景象。即使像沃尔玛那样的世界级大企业，也十分重视节省。在沃尔玛，拍赠予挂历的时候经常让公司员工充当模特，这就比请专业模特省很多钱；即使是复印纸，也是两面都用，不允许用了一面就挥霍。中国有句古话叫“不当家不知柴米贵”。实际上，创业者就是一个企业的当家人，必须学会节俭，尤其是在经济拮据的时候，将省下来的钱用到最需要的地方，那么这家企业就会大有希望。

然而，有不少大学生对这种精打细算的节俭作风不以为然，反而认为这样太迂腐，太苛求自己。有一些人稍有成就便开始享受，没过多久又回到当初的穷苦。懂得节俭的人都会不断积蓄财富，而不懂节俭的人即使家财万贯，其拥有的财富也会慢慢消失。

天津有一个人叫丁富贵，很会做粮油生意，生意做得不小。几年间，丁富贵在天津拥有了 10 家分店，积累了千万家财。初获成功的丁富贵做了些什么呢？买了两套豪宅和多辆豪车，酷爱摆阔和赌博。结果，不到2年，辛苦赚来的财富就挥霍一空，豪宅卖了，豪车也抵账了。最惨的时候，过年时他身上只剩下50元钱。最后，丁富贵只能另起炉灶，靠着朋友借给的3000元，靠在街上卖爆米花维持生计。

一位成功致富的人士曾对资金做过这样的比喻：资金和企业如同血液与人体。一个人即使拥有一定的财富，如果把钱用于盲目的消费而不用于周转，那么对于未来的事业来说，就像人体有了充足的血液，但心脏已经坏死，没法进行血液循环一样，其事业也会陷入静止不动的状态，最终只能死亡。只有把手中的钱合理地运用到经营、投资活动中，才能获得更高的收益，赚到更多的钱。

因此，对于所有的创业者而言，只有具有强烈的成本意识，对公司的每一道工序、每一个环节、每一度电、每一滴水……都非常敏感与计较，公司成本才能在激烈的市场竞争中不断降低，让自己的企业真正成为市场的赢家。

二、要对开支精打细算

作为一名创业者，任何时候都要对开支精打细算，考虑怎么样降低成本、减少费用。精明的老板总是把1元钱当2元钱用，该用的时候，就把钱用在刀刃上；不该用的时候，1元钱也不多花。因为他们深知，如果在某一个地方用错了1元钱，绝不仅仅是损失了1元钱，而是相当于花了2元钱。

哈尔滨工业大学的史俊强在毕业后没有找工作，而是选择了做网站。在河北省石家庄市裕华区政府的扶持下，他创办了一家信息科技公司。开了公司，有了资金，史俊强头脑有些发热，马上租了办公场所，还买了一套大的老板桌椅，当起了老板。其实，史俊强的创业项目是基于互联网的业务，创立的网站主要面向石家庄的大学生，像代卖电话卡、代售电影票、火车票等。卖一张卡/票只能赚几角钱，个人做这样的小生意还行，但将其作为企业的主营业务必然是亏本的。于是，史俊强的公司始终无法摆脱房屋租金、税费、人员工资等压力，后来就连网站资源也出现了问题。最后，公司面临着倒闭的危险。史俊强说：“在这种情况下，我终于清醒了，卖掉了老板桌椅，退掉了租赁的写字间。”

在困难面前，史俊强转变思路，在学校借了一个小房间和几套桌椅，重新出发。冷静下来的史俊强与人合作，发挥所学的专业技能，开发出了高校选课系统等软件，把公司原有的主营项目改为软件制作。一年多之后，他的公司慢慢开始赢利。

史俊强的故事告诉我们，资金十分有限的小本经营者如果不注意节约资金，必然会导致经营失败。作为创业者，要养成良好的降低成本的习惯，并制订相应的制度，比如严格控制办公用品的申领；养成随手关灯、关水的习惯；聘用能身兼数职的员工；发动员工提出改进工作流程的建议等。对于办公场所，如果一间办公室够用，就绝不租两间；最好是跟别的企业共用某些办公区域，分摊一定的成本，双方都得利。又比如，买一台高档彩色复印机要上万元，能买一台固然好，但是成本也高，要是利用其他公司的现有设备，按实际复印数量付费，不仅使用起来方便，还省去了维护成本。

创业的目的是赚钱。如果不会节省、不会理财，就不可能赚钱；即使赚了钱，也会白白流失。对开支精打细算，主要体现在以下几个方面。

1. 对财务做整体规划

只重现金的赚赔而忽略实际经营的盈亏，是创业者的经营误区。以某一家花店为例，店主一直觉得花店生意很好，每天都有现金盈余，所以每个月都慷慨地给员工发奖金，但年终结算下来，却发现亏损不少。探究其中原因，原来是未将当初投入的设备和人力（老板本身的薪资）费用计入成本。

创业者的资金通常不充裕，因此即使预估的资金与实际花费只有几千元的出入，也可能令创业者焦头烂额。一般来说，开业资金所包括的基本项目有装潢费、基本进货费、广告促销费、店面押金和首期租金（一般为 3 ~ 12 个月的房租）等，其中首期租金往往占相当比例。开店者最好将租金和押金的总额控制在总资金的 30% 以下。除非营业利润很高或对营运十分有把握，否则一旦超出这一比例，就很可能会让这两项费用吃掉大部分盈余。

除了备妥基本费用外，预留一份准备金也是小本经营不可或缺的。小本经营者通常会有3～6个月的亏损期，所以开业之初就要预留出这个期间的固定支出（指每个月的经常性支出，如薪资、水电费等）和2个月的进货成本，才能做到有备无患。

2. 以现金交易为好

刚创业时，以现金交易为好，不宜赊销。赊销出1000元的货，还不如用现金交易的方式卖出800元的货（这里所说的现金交易包括开户单位和个人利用转账方式进行结算）。有许多谚语能说明这一问题，如“船家不打过河钱”“隔夜的金子，顶不上当日的铜”“立着放债，跪着讨钱”“赊出容易收回难”“本小利薄，赊欠不得”等。

相对而言，与现金交易相比，赊销利少弊多：一是影响资金周转；二是减少利润；三是讨账占用人力、财力；四是赊出容易，收回困难；五是今后讨账时往往会因对方企业的人事变动和经营状况的变化造成坏账、瞎账、乱账，有时候可能1分钱也收不回来。商品的买卖应坚持现金交易，一手钱、一手货，对买卖双方都有好处。说一千道一万，做生意的诀窍归根结底就是现金。

3. 是否按时发工资

公司在日常运营时经常遇到资金紧张的情况，比如甲方压着工程款不支付、银行贷款到期需立即归还等，所有这一切对于老板来说都是不能及时发工资的充分理由。老板一般想：又不是不发工资，只不过稍微晚几天，公司资金紧张，员工应该理解。真实情况却是：无论有任何理由，对于不按时足额发工资，员工都无法理解。员工的工资不是老板赏赐的，而是他们的辛苦所得，没准他正等着拿工资交房租、还月供或支付孩子的学费呢。

到了月底，若实在发不出工资，而公司还想继续做下去，老板就要从自身做起，要么去追讨公司的在途资金，要么就要用自有资金垫付或者去借贷，想办法解决这一问题。

拖欠工资有点像吸毒，有第一回就会有第二回，只要资金紧张，老板就可能会用拖欠员工工资的办法来缓解，结果最终会让员工对公司和老板的信任荡然无存。调查表明，员工对于公司最无法容忍的就是拖欠工资，这也经常是某些公司人员流动快的最主要原因。

4. 一味节省也不行

大学生在创业时要精打细算，换句话说就是要“抠”，但是要“抠”应该“抠”的，对于不应该“抠”的，坚决不能“抠”。

孙轩刚做老板时，非常会“精打细算”，每天中午亲自为员工煮面条，天天清汤寡水，偶尔到外面订个盒饭也是按最低标准来订。工作辛苦，拿得少，吃得又差，这让很多员工都感觉受不了，没过几天就纷纷“逃亡”。孙轩感觉挺委屈：“我亲自为他们煮面条。作为一个老板，我和他们吃的一样，他们吃面条，我也没有躲起来吃包子，我这样对他们，他们还跑，怎么会这样?”

孙轩不明白的是：作为老板，你吃苦是为自己打拼，如果成功，所有胜利果实都是你的，所以你吃再多的苦都是应该的，因为你有额外回报；而作为员工，他们为你工作是为了拿到工资，养家糊口。如果老板给的工资低，也不给员工分股份，甚至连饭都不让人吃饱、吃好，谁肯陪这样的老板吃这样的苦头呢?

对于孙轩来说，造成这种局面的原因是一味节省，结果造成人员大量流失，而一个人员流动量过大的企业是永远做不大的，孙轩可谓没把钱省到地方。

总的来说，公司要想做到有钱时像没钱时那样花钱，不是只要找到一个称职的财务人员就能解决的，而是需要公司经营者从个人意识上重视花钱的问题，真正从战略高度关注和重视财务，重视节约经营成本。对于花钱的每个环节，一定要打破常规思维，追查到底。否则，吃亏的总是企业和企业老板。

三、学会摆谱，赢得实“利”

创业者尽量不要为了气派而忽视自己的财务状况，但如果气派和风度能给你带来生意、带来投资，还是可以讲究一下的。因为就算你说自己是有钱、有实力的企业家，怎么证明呢？外人无非是看你的穿戴、车辆、出手、气派等。很多时候，创业者买好车就是在做秀，一是做给对手看，二是做给银行看。有实力，好贷款；有实力，好竞争；有实力才有信任，一切的事情才好办。生意场上原本就是虚虚实实。一部好车，只要能给你带来更多的利益，砸锅卖铁也得买。话说回来，只要生意做好了，旧“锅”砸了，新“锅”又来。

创业者的行头并非完全为了虚荣，正是基于这样的认识，头衔、称谓就显得很重要。常常可以看到，一些成功的企业家和走红的明星们，总喜欢在自己的名号上做文章。

华达国际控股集团董事局主席李晓华不仅是一位知名企业家，还拥有如下头衔：

- 中国十大扶贫状元
- 美国纽约州荣誉市民
- 美国美中友好协会全国委员会名誉主席
- 中国全国政协委员
- 世界优秀华人代表
- 中华慈善总会名誉会长
- 最具世界影响力的中国企业领袖
- 中国营销业坐标人物
- 加拿大加中企业家协会名誉会长

李晓华的这些头衔除了极具“欣赏价值”外，还从侧面反映出他广泛的社会关系和人脉资源。如果把印有以上头衔的名片和一些不知名企业家的名片放在一起，李晓华的这些荣誉完全可以使其他的名片暗淡无光。

对于影视圈的明星们来说，由于他们都是以个人形象而著称的，所以多会谋求一些与“形象”“大使”有关的名号。人们再熟悉不过的国际巨星成龙就拥有多个不折不扣的“大使”头衔，如：

- 香港旅游大使
- 安全大使
- 电影推广大使
- 拒烟大使
- 申奥大使
- 中国文化年大使

这些“大使级”的称谓足以反映成龙在影视圈里的“大哥”地位，单是这些名号就已经把成龙和其他气场不足的明星严格区别开来。那些二三线演员要想跟成龙大哥一争高低，恐怕是遥不可及的。

在演艺明星或者位高权重的重要人士身后，总会有一些专业人士为其提供包装策划。那么，普通人呢？我们也要工作、生活，要得到社会的认可，所以也需要随时随地展示自己的最佳形象。没有专门的策划方案也无妨，我们可以自力更生，借助几种小道具，给自己提提神、打打气。

最简便的包装道具无过于书籍。20 世纪 80 年代，文学正当热门，小伙子手里如果拿着一本诗集，连谈恋爱都有底气。今天的我们则可以用书籍展现自己的专业形象。大家可能都有这样的感觉：看医生时，如果西医的办公桌上放 2 本专业的外文专著，中医的案头放 2 本线装古籍，患者大都会对其肃然起敬，放心地把自己的健康托付给他们。

陶京刚曾是一家大型知名企业的销售经理，精通业务知识，而且还能说一口流利的美式英语。后来，陶京刚决定自己做生意。可是，因为他没有实力，人们对他缺乏信任，曾经熟悉的客户与他断了联系，大公司不屑再与他合作。

但是，陶京刚并没有灰心，而是在实力的虚实上做起文章，来吸引一流的商人和客户。首先，他租用了一套像样的房子，又从别处租来一套上档次的办公家具，精心布置一番，顿时使办公室气派不凡，又从家中拿来一些商务方面的书，搁到书架上，而且专门放些半新半旧的专业书，这使人不至于怀疑他在生意上的真才实学。其次，他对自己也认真地包装了一番：笔挺的商务装，精制的公文包，给人以干练、精神饱满的感觉。经过他的精心“包装”，加上他那出色的谈判技巧，再配上有实力的表象，使人增加了对他的信任，终于使公司的生意越来越好，人气也越来越高。

有很多大老板，他们在企业最困难的时候，在外面也能春风满面。即使是欠了一屁股债，但照样坐奔驰、开宝马，请客户去高档场所吃饭、喝茶。他们这样做，无非就是为了装点门面。他们说：“当老板就是要这样，哪怕你已经身无分文，你也不能让别人知道你已经身无分文。要是让别人知道你没有钱的话，谁还会跟你做生意？人家一旦不和你做生意，你就永远没有翻身的可能。作为老板，即使处在非常穷的时候，也一定不能让人家看出你是穷人。就算装，都要装出一个老板的样子来，然后再去钓机会——没错，不是钓鱼，是钓机会”。

沈志刚在大学毕业后创办了一家广告公司，通过关系代理了一家知名平面媒体的广告，在短短的几年内就积累了上千万的财富。成功之后，他却不知道钱该怎么花了，盲目投资了一家网站，结果亏掉了千万资产。2015 年，在他事业最低谷的时候，甚至变卖了自己的房产和几乎所有值钱的物品，每天只吃方便面和榨菜。唯有自己的那辆奔驰 E260，他咬牙保留了下来。后来，就是凭着这辆奔驰车和他的三寸不烂之舌，游走于那些相熟的老板之间，最后成功融资，投拍了一部反映二胎时代的 30 集电视连续剧，并大获成功。

再度成功的沈志刚总结说：“什么叫自信心？就是别人都认为你已经不行了的时候，你自己还有信心，认为自己还行。如果你的事业和生意确实需要你是个‘胖子脸’，而你恰好又是个瘦子，那你就必须要打肿脸，为了你的事业去充胖子。”

给那些看上去有身份、有地位的人更多的实惠是人类的一种很奇怪的心理表现，这种现象一般被称为“马太效应”。假如你的表现让人感觉是可信的有钱人，那么，导游小姐将会更加耐心地为你讲解，会场服务员也会把你领到贵宾室，商业伙伴更愿意与你合作。如果你表现得像个儒雅的绅士，那么在公共事务中，人们就更愿意听取你的意见，让你做代表或者领头人。为此，有心人就会利用人们的这种心理倾向获得自己想要的资金，做成想做的买卖，得到更多的机会。

在当下的中国，通过特定符号来彰显身份的做法更加普遍，并且更多地是向他人暗示自己与某种权力的特殊关系。比如，走进一家饭店，也许你能看到店主与某个官员或名人的合影；收到一封信件，信封上的公司名称也许竟是某位领导或大师的墨宝；打开某些公司的网站或宣传物，大人物的题词可能会醒目地映入你的眼帘。这些信息无不提醒着眼前的观众和听众：这家公司、这个老板实力雄厚，不会轻易垮掉，值得信任。

美国社会学家戈夫曼认为，人生就是一场表演，而社会就是众多的人进行表演的舞台。表演时，有前台和后台之分。前台呈现的是能被他人和社会所接受的形象，而后台则是演员休息、换装和化妆的场合，是不会公开的。在表演的过程中，人们倾向于在前台展示自己最好的一面，有时实力不济也要“打肿脸充胖子”，为的就是获得他人的尊重与羡慕。当这种前台表演超过一定的限度时，就成了名副其实的“摆谱”。

有些人之所以会摆谱，就是希望自己在别人眼中是一个尊贵、有范儿的人，希望别人对自己的评价不断提高，超出自己目前的身价和地位。在人们对你做出一定的身份判断后，就会给你相应的对待，除了在态度上尊敬你、重视你，还会给你更多的信任，提供更多的机会或者支付更高的价格。也就是说，很多时候，摆谱是一件既能满足虚荣、又能获取实利的事儿。有句话说得好：如果你很靠谱但不善于摆谱，别人很可能会认为你不靠谱；如果你不靠谱但很善于摆谱，别人却很可能会认为你很靠谱。所以，很多老板宁可贷款也要买辆好一点的车，让自己在别人眼里显得更有面子。

不过，如果一个人只想纯粹摆谱，而不做靠谱的事情，是无法长久欺瞒他人的，终有水落石出的一天。摆谱，不能只是摆谱，而要激励自己实现原本只能奢望才能达到的目标，获得成功后让自己名实相符，真正成为成功人士。借用一句流行语来说就是：现在所有的努力都是为了实现小时候自己吹过的牛皮。

四、包装出自己的大气形象

创业者在起步之初最需要的就是被他人理解和认可，但在你的新公司尚未被市场完全接纳之前，唯一能做的就是进行有效的自我推广。通常，创始人是最好的公司形象代言人，创业者的个人形象如何，将会对公司的成败起到重大的影响。

在商务活动中，不仅服装方面要得体，在其他方面也不可大意，该出手时就要出手。

日本索尼公司的总裁盛田昭夫是个很节俭的人。一开始，他去美国办事时，为了节省费用，总是住最便宜的旅馆，吃饭也去自助餐厅。后来，有人给他提意见，说这样做和他那大公司总裁的身份太不相符，在公众面前会降低公司的形象。他一想也有道理，从此宁可住高档酒店最便宜的房间，也不住中低档宾馆最贵的房间，并且到高级饭店去用餐。

媒体上经常报道某些影视明星耍大牌，要求住高档酒店、享受特殊待遇等，似乎他们很不好伺候。其实，他们在乎的不只是高端的享受，这其实是他们维持身价的一种手段。

尽量让自己的生活品质显得高，不仅有助于成功人士保持自己的形象，对正处于发展阶段的中小老板也非常重要。一流的形象比二流的形象多花不了多少钱，可是多花出的这点钱所增加的效用是绝对值得的。

商业交际活动中有一条塑造个人形象的规则：穿得一定要比你身处的地位高。人靠衣装马靠鞍，穿得比你身处的地位高，再配合专业能力，才能让对方重视并信任你，从而获得更多的成功机会。也许你认为现在的中国人很少有穿正装的习惯，但其实环境和个人习惯有一种相互影响的关系，这对创业者尤其重要。

也许你的外表并不高大魁梧，气质也不气宇轩昂，更没有名牌裹身、名车代步，但这并不影响你通过“包装”来改变自己的形象。商品可以包装，人亦如此。

在山东济南商河县，有个学建筑专业的年轻人，大学毕业后不愿意给别人打工，决定自己成立一个装修公司，开创自己的事业。装修行业竞争十分激烈，有时候，很多实力强大的公司的业务都不饱和。他的小公司刚刚创办，一开始又没有多少资金，能从夹缝中找到多少机会呢？

这个年轻人决定先不去购料、跑活儿，因为他总觉得那样起点太低，可能连生存都成问题。经过深思熟虑，他决定先包装一下“企业形象”。总共就25万元现金，他是怎样装备公司的呢？首先，他和父母商量，将自己全家仅有的一套三居室房屋卖了，换购了一间临街的门面房，给父母和妹妹临时租了个住处，并且答应2年后给家里添置一套好房。父母虽不太愿意，但看到儿子想做事业的急切和魄力，也就答应了。他对买来的门面房做了精细装修，购置了全套的实木家具，共花掉8万多元，又花了3万多元买了名牌笔记本电脑、苹果手机和名牌打印机，接着首付8万元，贷款买了辆名牌轿车。现在，他的现金也不多了。在接下来的时间里，他带了几份合同就去知名的建筑单位跑活儿了。很多工程承包单位见他很年轻、有干劲、有实力，再到他的公司“考察”一番，认为他是可信的，就把装修工程给了他。签订合同后，工程承包单位会交付一半预付款，这个年轻人就借鸡下蛋，拿预付款去进料、买工具、找工人加工、安装。几批工程做下来，他的创业计划成功了。

俗话说，佛靠金装，人靠衣装；三分长相，七分打扮。即使是一个最平凡的人，一旦穿上了得体的衣服，也会光彩照人，形象大为提升。国外有人研究出的“7/38/55”定律可以证明这一点：在整体表现上，别人对你的观感只有7%取决于你真正的谈话内容，有38%取决于你的表达方法（比如口气、手势等），却有高达55%取决于你看起来够不够分量。一言以蔽之，你的外表很重要。

穿着尽管是生活中的小事，不用小题大做，但它毕竟是反映人们心态的第一窗口，是你映入他人眼帘的第一道风景，是你进入他人思维舞台的第一次亮相。在某些场合（如谈判业务或人际交往）中，这三个

“第一”可能决定你的成败。

某电器公司总经理和一位经销商正在谈代理业务。经销商穿的是圆领T恤衫，脖子上戴着大金项链，手指上戴着大颗钻石，流露出十分的豪气和财气。谈判一开始，总经理一改原来的谈判方案，强调必须签订经销合同，不赊销，不分期付款，必须款到付货，一点也不让步。结果，这桩生意没有谈成。事后，这位总经理说公司的经销商大都是分期付款、滚动结算，本来也想这样与新的经销商谈判，但看到他的这身打扮，深怕他的人品不正，事后追账麻烦，就改变了策略。结果，一身不合适的服装和服饰使原本可以谈成的生意就这样泡汤了。这位经销商压根也不知道这笔生意没做成的原因竟然跟他的穿着有关。

犹太民族有这样的教诲：人在自己的故乡所受的待遇视风度而定，在别的城市则视服饰而定。就是说，对一个人的评价，在他的故乡并不受其衣着的影响，因为人们了解他的言行；但他一旦到了异地，评价他时就得看他的外貌特征、衣饰装束和言谈举止了。

目前，在商务谈判中，双方都很注意对方的穿着打扮，看对方穿什么牌子的西服、什么牌子的衬衣、什么牌子的皮鞋、系什么领带和皮带，戴的是什么样的宝石、戒指、手表，以此来判断对方的财力。如果你穿得很寒酸，人家就可能对你失去信心，谈都不谈就打道回府了。所以，最好不要穿着过于低档的衣服去谈生意。

第四堂课

是网店还是实体

创业者的人数在持续不断地增加，创业项目也非常丰富多彩，综合来看可划分为两大类：实体店创业和网络创意创业。很多年轻创业者是在网络中成长的一代，熟悉网络时代的特点和网络操作是他们网上创业的优势。可是，并非所有网店都赚钱，很多创业者是很盲目地投入到网上创业的，最终淹没在网络创业的大潮中。

很多创业者总抱怨实体创业生意难做，实体店快变成“尸体店”了。但与网络创业相比，实体创业也有自己的优势：面对面交流、实时体验、便于售后服务。

可以说，实体创业是“狼窝”，竞争者虽多，但大家力量差不多；网络创业是“虎穴”，容易一家独大，弱势的一方即便想反抗却有心无力。对于创业者来说，到底适合去哪里，还是需要自己权衡利弊后再做决定。

一、一台电脑就是一个梦工厂

互联网时代把人与人之间的距离大大缩短，人们的生活方式、工作方式和经营模式等都发生了巨大的变化。互联网给我们带来了更多的事业机会。在小小的电脑里存在着更多、更有魅力的发财机会。互联网带来的是更快的致富速度和更多的财富。如果项目对头，一个穷光蛋在顷刻间就可能成为百万富翁。

Papi 酱、Skm 破音……这些名字成为 2016 年广为关注的"网红"。他们要么创造引人共鸣的话题，要么搞笑可爱，引得万人瞩目。对于很多创业者来说，如果能够选择一个平台，在平台上通过各种手段打造自己的 IP（知识产权），也能实现从创业新人到创业家的蜕变。但是，要想成为真正的创业网红，你没点干货是不行的：要么能说会道爱演讲，要么妙笔如花善写作。此外，不是说一次分享就可以美名远扬，做"网红"需要有持续生产内容的能力，才能走得更远。

互联网时代的到来给我们创造了更多的商机，今天的创业门槛也更低，挣钱、成功的机会更多，就看你有没有这个眼光，有没有这个胆略。

网络创业有以下几大优势：

- 速度快：互联网光速，实时处理业务！
- 空间大：全国乃至全球市场都可抵达！
- 用户多：全国 9 亿多网民，基数庞大！
- 限制少：学习及培训不受时间、空间限制！
- 成本低：运作成本主要就是电费、网费！
- 易复制：一旦成功，经验很容易被复制、推广！
- 轻资产：运作方式灵活，在家就可开发全国市场，不需要过多投入！

在这个互联网时代，企业的经营模式也发生了根本性的变化，以前需要业务员跑腿的业务，现在鼠标一点就成交了。足不出户就可以成交生意，即使是自己不用的二手货，挂到网上也能出手。以前做生意需要先找店面，现在不需要了。申请一个免费的网店，照片一上传，就能开始做生意了。

人为什么会做梦？民间的说法是：梦是月亮带来的，月亮是所有梦的源头。互联网就像月亮，给每个人带来梦想。一台电脑就是一个梦工厂。为什么要利用网络创业呢？因为目前传统产业大部分处于规模、速度、效益递减的阶段，呈现一种匀速递减的运动态势，而网络经济正处在规模、速度、效益递增的阶段，呈现一种加速递增的运动态势。15 年前做阿里巴巴的人，现在基本上都赚翻了；10 年前没做淘宝店的人，如今早已追悔莫及。

在这个网络技术迅猛发展的大时代，电子商务仍然具有很强的爆发力。大家似乎也认为现在后悔还来得及，毕竟网络的传播速度是难以预测的。如今，还是有不少想创业的人投身于淘宝店中。但是，没有经验、没有熟人，还想开个淘宝店的创业者，该如何开店，又要准备多少流动资金才能启动淘宝店呢？

在申请开店的初级阶段，如果你选择不签署消费者保障协议，那就真的可以零成本开店。但是，消费者保障协议是给予消费者的一个诚信证明，签署之后能够让消费者更加信任你的店铺。另外，签署这一协议时只需交纳 1000 元的保证金，今后如果不想继续经营店铺了，还可以申请退回这 1000 元保证金。

申请开店后，便到了铺货阶段，这时候的成本就要看你想要经营什么产品了。

1. 经营虚拟产品

先经营虚拟品，赚足信誉，再转型经营实物产品是许多成功卖家的经营之道。试想一下，如果换成是你，是不是也会选择一家信誉度高的店铺交易，而不是选择一家连一颗心都没有的店铺呢？当决定先经营虚拟产品（包括充值卡、游戏卡、Q 币等充值服务）的时候，你就需要购买一款充值软件，价格在 500 元左右。当然，你买到这款软件后，除了出售充值业务，也可以代销软件里面提供的实物产品，还可以自己代理软件，继续将软件卖给有需要的人。你只需要卖出几个充值软件，500元的成本差不多就回来了。如果每个月能够卖几个，那么收入是非常可观的。

2. 经营实物产品

当然，如果你不想做虚拟品，也可以一开始就经营实物产品。如果流动资金不足，经营实物产品时可以选择代理别人的产品。现在很多供应商都支持单件代发，也就是说你可以先上架别人的产品，如果有买家在你的店铺把它拍下，你可以去别人的店里下单，然后由供应商把货发给你的买家。除此之外，你也可以成为某一个商家的分销商，商家会给你提供一个自动分销分账的后台。商品上架后，当有买家在你的店里下订单时，你只需要确认一下，供应商便会给你发货。等买家确认收货之后，货款便可以自动分账，将商品的成本价打到供应商账户上，剩下的便是你的利润。这个分销分账是不需要成本的，是等买家确认收货后再分账的。

3. 周转资金

做过生意的人都知道，做生意都需要周转资金的，做电子商务也是这样。由于是网络上卖东西，发货需要一定的时间，买家收到货并确认收货、付款之后，卖家才能拿到钱，这个时间一般是3～6天，所以，假如卖家在这期间卖出去很多产品，就意味着卖家需要一定的周转资金。

综上，我们可以算一下开网店的成本。

经营虚拟产品：500（购买软件）+1000（交给淘宝的保证金）+500（前期流动开支）=2000（元）。

经营实物产品：差别很大，较难估算。如果你自己进货，你要卖什么？一次进多少货？如果你要做代销，供货方收不收加盟费？加盟费需要多少？这些都很难一概而论。

除了前面那些，开网店还需要流动资金，也就是上面说的周转资金，这个周转资金主要由你的销量大小以及产品本身的价格所决定。

最后，开网店其实并没有想象中的那么复杂，运营成本比做传统生意低很多，只要肯付出、肯努力并开始执行，那么一切都是可行的。

现在网络能赚钱不是秘密，其特点是投资少、支出少、客户多、挣钱快，但是网络创业也不是一帆风顺的。比如开网店，产品质量、照片效果、售后服务、信誉保证等都会对卖家带来很大的考验，这让没有经验的创业者很难通过这个渠道步入高薪族。很多已经开张的网店创业者对此有深刻体会。

崔建杰毕业于华中科技大学计算机系。2014年大学毕业后，崔建杰便邀请两位好友成立了武汉白龙马网络技术有限公司。公司有两块业务，一是帮其他公司建设网站，另外就是创建娱乐板块——专为年轻人的吃喝玩乐提供点子。他们在这个公司上共投入了十多万元。

崔建杰的想法很简单，他们网站的娱乐板块与一家时尚杂志联手推出了广告“买一送一”的活动，即做纸媒广告，送网络广告，希望能快速做出影响力。但是，让崔建杰没想到的是，实际操作中困难重重，因为他们的主攻方向是特色小店，可是这些店铺既没有做广告的需求，也没有这个动力。

坚持了一年多，2015年10月，崔建杰关闭了网站。这次创业让他吸取了不少教训：没有计划周全，没弄清赢利点在哪儿，也没有做充分的市场分析，更没有构建强大的营销团队。

通过网络创业成功的人虽然也不少，但很多人都失败了，与崔建杰的故事类似的案例还有很多。当年的网络视频网站“三杰”分别是优酷网、土豆网和酷6网。在后来的发展中，优酷网的古永锵和土豆网的王微这两位创始人都成功了，但是酷6网却掉队了：创始人离职，亏损逐年加大，血腥大裁员……每一项都足以毁灭一个本来发展得还不错的企业。

有同行，无同利。真正想在网络上创业发财，还需要练好内功才行。并不是随便哪个人都能够通过网络创业发财的（尤其是想发大财）。

二、家有资财万贯，不如经商开店

中国有句古话："要想富，开店铺"。对于经济实力不够雄厚、又没有技术优势的创业者来说，开店是一种比较理想的方式，因为店铺可大可小，无论资金多少都能做，转变经营方向也比较容易，不受技术条件限制。

但是，开店不难，赚钱却非易事。作为一个成功的店铺经营者，不能仅仅与消费者建立一种"你买我卖"的关系，最重要的是要把握好消费者的消费心理和消费习惯，从而在为消费者提供售前和售后服务时胸有成竹，游刃有余。在这里，有必要向创业者分享一本书：《日本人的开店生意经》。书中的很多道理是值得创业者学习和体会的。

- 不可上下打量顾客，不可跟着顾客转。
- 商铺位置的好坏比商铺的大小更重要，而商品质量的优劣比商铺的位置更重要。
- 一般来说，商品摆放得很杂乱是不会做买卖的表现；而在小商铺里，商品摆放杂乱，有时反而会收到意想不到的效果。
- 在顾客购买前说大量的恭维话，不如搞好售后服务，这才是争取永久顾客之道。
- 把顾客的挑剔看作神圣的意见，无论意见如何，都要高兴地接受。
- 保持原料供应的稳定性并且具有简化的采购手续是店铺繁荣的因素之一。
- 不要硬向顾客推销，也不要只投顾客所好，而要卖给顾客真正有用的商品。
- 不要光想做大生意，还要重视"一元消费"的顾客，生意的兴隆要靠一个又一个的一元消费的顾客。
- 要加速资金的周转，周转10次，百元资金即可变为千元资金。
- 顾客要求调换商品或退货时，接待态度应比卖货时更好。

- 哪怕很小的赠品也会使顾客高兴，无赠品时则应以微笑代之。
- 不断变换商品的陈列以吸引顾客也是经营的方法之一。
- 坚持明码实价，打折扣战反而易招致顾客的不信任。
- 对于实体经营者来说，应该认为小孩子是“福神”，对带小孩子来店的顾客，服务要特别周到；对替大人买东西的小孩子要特别照顾。
- 店前要热闹，店员要精力充沛，手脚要勤快。充满活力的店铺是最能吸引顾客的。
- 对商人来说，无所谓景气不景气，无论经济状况如何，都有办法赚钱。

店铺经营是竞争非常激烈的行业，只有那些永远站在消费者立场上的经营者，才能立于不败之地。

对于创业者来说，开店铺并不是一件易事，应该常思“动”。适当的“动”，不但可以激活顾客的购买欲望，还能挖掘出更多的商机。下面就是几名创业者“动”得比较成功的事例。

【案例1】重金“抢”店面

卖中小学生的学习用品，店的位置特别重要。那些远离学校的铺面，其销售额比起毗邻学校大门或在学校对面的店面相差悬殊。

2016年初，王俊峰在距某小学近30米远的地方开了一家文具店，虽然商品的价格比学校近处的几家店铺要便宜，但他的店却是“门前冷落车马稀”。对此，王俊峰一直后悔当时没有抢到旺地。过了3个月，学校门前的那家文具店要转让，王俊峰就马上将货和店面全部转包了过来。虽然每月的租金高了600元，但货走得快，资金可以多转几个来回。看到每天上学前、放学后店里被挤得水泄不通，王俊峰笑脸相迎、忙个不停，心里自然喜不自禁。

【案例2】精心“整”柜台

所谓“整”柜台，就是让店内的装饰和商品的布置更趋合理，更能吸引消费者的眼球。

开灯饰店的高国鹏在“整”柜台方面是一名行家里手。只要一空闲下来，他就满街转悠，把别处好的创意“嫁接”到自己的店里来。

有一次，他在一家五星级酒店的大堂流连忘返，那盏满天星的巨型吊灯给他留下了很深的印象。回到店里后，他将店里的陈设重新组合，将刚进来的豪华蝶形吊灯安装到了正中央，其他的灯具只是作为它的陪衬。遇上有意向的顾主，将店里其他的灯具暂时熄灭，开了这盏灯后显得格外“光彩照人”，满堂生辉。通过此法，他经营的豪华灯具在同行中卖得特别火。

常“动”常新，经营陷入困局的时候，有时会“动一动，满盘皆赢”。

很多立志经商开店的人常常会因找不着市场机会而愁眉苦脸，时常抱怨苍天对自己不公平。其实，细心一些，多做市场调查，你就不难发现：在我们生活的各个角落，都存在着商机。只要你目光敏锐，就能捕捉到。

一般来说，常见的商机可以从以下这些方面来寻找。

1. 短缺物品

人们常说，物以稀为贵。短缺是经济活动的第一动因。比如，一滴水是普通物质，而不是商机，可在沙漠里，水就是商机。一切有用而短缺的东西都是可利用的商机，比如高新技术、老物件、秘方等。

2. 社会发展变化

随着科技的进步、环境的转变、人民生活水平的提高、价值观的转变等，一些娱乐、旅游、保健行业纷纷而起，这些都会为你带来商机。

3. 以排忧解难为切入点

在一些被人们认为是困扰和苦恼的事情中，却存在着商机。因为苦恼、困扰纠缠着人们，人们才急切希望解决。如果你能有好办法解决人们的困扰和苦恼，就是找到了好商机。例如，许多家庭没有时间买菜，于是送菜公司便应运而生了。

4. 生存需求

人们的生存需求，诸如衣、食、住、行等每天都在轮回，没有止境。而且这些行业，无论时代怎样进步，永远都不会被淘汰，比如理发店、餐馆等。

5. 间接需求

人们总是急于求成，往往喜欢在某个行业扎堆淘金。其实，完全可以反其道而行之，从相关的需求中寻找冷门商机。比如到了采摘苹果的旺季，果农们纷纷采摘苹果卖钱，但也有人编竹筐卖给果农，用来装苹果。最后，这些编竹筐的人也赚了大钱。

6. 文化与习惯性

这种商机是由生活方式决定的，比如到了年关，窗花、灯笼就比较好卖等。

7. 社会热点

热点是指社会各界普遍的现象或问题，它既有很大的知名度，同时又具有社会性的特点。热点是社会共享的，任何人都有运用的权利。所以，只有抢先一步，捷足先登，巧妙策划，才能产生很好的效益。比如在2014年热播的韩剧《来自星星的你》中，女主角千颂伊有一句非常流行的口头禅是“初雪这一天，要吃炸鸡、喝啤酒”。因为该剧在国内爆红，很多人模仿剧中的服饰和饮食，如果经营剧中人物的服饰，或者把炸鸡、啤酒搭配起来卖，肯定能大赚一把，现实中也有人因此发了财。

创业者想开店铺，就要利用各种市场机会，善于把握社会上每日每时所发生的事件，抓住最佳时机，随机策划。在这里，你发现偶然性、随机性问题的敏感性越高，处理偶然性、随机性问题的能力越强，把握商机的艺术性就会越高，成功创业的机会就会越大。

三、生意做遍，不如卖饭

常言道：生意做遍，不如卖饭。的确，没有哪一行比餐饮业更具诱惑力，一则投资可大可小，既可独立经营，也可联营、加盟；二则投资周期短、见效快，做上手了，短短几年时间，就能完成从单店到连锁的整个发展过程，做到资金的快速增值；三则门槛不高，进退自如。因此，做餐饮也就成为众多创业者首次创业的最佳选择。

任何一个行当都是一门学问，餐饮业并非想象中的那么简单。有人说：好学肯干的人，做3年才算入门；想当甩手掌柜，不出3月就得关门。一个餐馆，从选址到开业，从服务到采购，从点菜到收银，涉及太多的知识和细节。任何一个细节出现纰漏，都有可能创业失败。

河南商丘的蔡丹萍于2014年大学毕业后，就开始找工作，几次下来均不理想，遂萌生创业的念头。蔡丹萍考虑了服装店、生鲜蔬菜项目，都因为没经验和资金要求，不能干，她需要的是“资金少、无技术含量、缺乏管理经验”的行业。蔡丹萍最终选择餐饮，因为做餐饮风险最小。蔡丹萍考察了商丘的很多小饭馆，通过对比分析，她决定开一家蒸菜馆。蔡丹萍的父母也给予她创业资金的支持。经过长达3个月的店面寻找期，最终选择定址商丘工学院附近，面对的主要客户是学生。

2014年11月18日，蔡丹萍的木兰蒸菜馆正式开业了，投资不到10万元。她做的蒸菜配料香、鲜，符合当地人口味。木兰蒸菜馆开业初期，蔡丹萍用了最传统的腰鼓队、打折方式就吸引了周围的消费者，第一个月的营业额就达到了6万元，大大出乎她的意料。

蔡丹萍还注重店内的卫生，从厨师和服务员的衣着，到店里的清洁，再到菜品的摆放，她都下了一番心思。在菜品选购上，蔡丹萍特意把妈妈请去辨认质量优劣，比如腊肉一定要存放一年以上的。她定的一条原则是所有蔬菜、新鲜肉类尽量当天采购，不留剩品。经过努力，她的生意也一如既往的好，不到70平方米的店面，10张桌子，每张桌子每天至少能翻台5次，每月毛收入保持在8万元左右，当初投资的10万元成本，不到5个月时间已全部收回。

很多人也准备开家小餐馆，但本身并无经营经验，不敢放手一搏，这里提供一些开餐馆的要领，只要按部就班，稳扎稳打地去做，就算不赚钱，也不会亏到哪儿去。

首先，要考虑业种的选择。如果是个狭小的店面和不豪华的装潢，经营些什么好呢？炒菜要请大师傅，不妨考虑自己能动手制作的汉堡餐、牛肉面、清粥小菜店、卤味店、刨冰店等。其要点是内容必须单纯，以免一桌人各点不同的东西，人手再多也忙不过来。如果自己做不来某些小吃，刚开始时可以购买半成品，然后在店里再加工、包装，利润虽较低，但轻松多了。小店的经营可以活泼化，例如夏天卖甜豆冰、水果盘、果汁，冬天以红豆汤、肉粽、炖汤互相搭配。设备上力求可以通用，以免增加成本。

其次，一定要采用亲切的营业手法。社区内少有过路人，所以连小朋友都应奉为上宾。忙不过来而需让客人久等时，熟客通常不太在意，但应注意按客人进店的先后顺序上菜，若令其久等，要诚恳地道歉。万一材料已卖光，更应诚心道歉，客人会谅解的。

最后，必须重视菜单设计与成本。小吃店很少用菜单，顶多在墙上用彩色纸条来标示食品和价格。注意消费者的心理，价格只能调低却不可调高，因为这样会吓走客人的。一份10元的排骨饭，一旦调成15元就会吓走顾客。在材料成本过高的季节（如冬天的蔬菜很贵），不妨改用替代品，或干脆将墙上的菜单撕掉，少卖少赔。

精简的小吃店如果座位少，为了能多接纳客人，除了座位不宜太舒适之外，电视也不宜装设，本来座位就少，万一碰上盯着电视节目死赖着不走的客人，长此以往，会造成周转不灵。

一旦开业之后，每隔一段时间就应检讨一下，是否有应改进之处、如何改进。卖的东西是否为大众所接受、口味如何、价位如何、客人反应如何、成本和利润的比例如何、收入扣除开销后的纯利润如何，还要明白利润过低时毛病出在哪里。只要脚踏实地，加上细心经营，一般都能赢利的。

对于餐饮企业而言，产品无疑是最为核心的要素。餐饮业内有句话叫“眼光是金，特色是宝”。虽然经营者进入的形式各有不同，但不管其背景如何，要想在餐饮行业中树起一面大旗，找到立足之地，找对特色项目永远是最关键的一步。

做餐饮行业，除了要有自己的特色外，也要跟上流行时尚。如今的饮食时尚就是科学、健康、绿色、原始。作为小餐饮店，一定要抓住这股潮流，结合自身的灵动优势，及时、快捷地为顾客奉上各种时尚健康的餐饮产品。

蟹黄汤包在江苏靖江已有200多年的历史，而陈士荣半路出家做汤包，短短几年却已经成为靖江汤包界数一数二的领军人物。陈士荣的包子一笼有6个，每笼最高50元。在他的店里，从早到晚，慕名来吃包子的人络绎不绝。一个包子平均8元多，在一般人看来贵得有点离谱，可当地人一点也不觉得贵，原因就在于这不是一般的包子。

现代都市人用餐追求健康卫生的消费标准，急切地要得到遵循传统、追求原始清新口味的感觉。陈士荣就迎合人们的要求，不惜提高成本，采用新鲜的野蟹肉做馅料，并采用人工加工青菜。不管这些做法是否有噱头的成分，人们得到的是其中传递出的信息：陈士荣做的蟹黄汤包品质高、质量好，健康时尚。陈士荣抓住了消费者的心理，抓住了消费潮流，成功是自然而然的事。

今天的消费者已不仅仅满足于吃饱喝足，而是讲求科学饮食，追求绿色饮食产品，注重健康、健美。如何把握和利用餐饮消费者的时尚心理、时尚意识，进而推崇时尚餐饮，是创业者在寻找小餐饮店商机的过程中必须关注和思考的。这里就为年轻创业者提供一些开饭馆的参考。

1. 从吃“红”到吃“白”

人们往往把猪牛羊肉称为“红肉”，把家禽肉、海鲜称为“白肉”。

过去以红肉为主，白肉为辅。但由于红肉热量高，含胆固醇多，不利于健康，所以越来越多的人逐渐减少食用红肉，而转向白肉。

2. 从吃“陆”到吃“海”

由于富贵病（心脏病、高血压、糖尿病）的频发，使人们从吃陆上食物转向海产品，尤其是深海产品。

3. 从吃“精”到吃“粗”

现代人类讲究食物精细化，带来许多不良后果，所以人们日益转向吃粗粮和粗加工食品，如糙米、粗面，更多地被摆上了餐桌。

4. 从吃“家”到吃“野”

环境污染日益严重，使人们对食物的选择更加挑剔，更倾向于天然产品，如无污染的野果、野菜、野菌，均受青睐。

5. 从吃“死”到吃“活”

人们普遍认为吃活物营养更丰富，味道也更鲜美，如日本人就把生鱼片当成美味佳肴，尼日利亚的一些部族爱吃生牛肉。现在，欧美部分地区又兴起了吃活禽，即使需要烹调，也要现杀现吃。

6. 从吃“瓤”到吃“皮”

人们逐渐认识到，某些食物的皮也有丰富营养，而且有特殊医疗作用。过去吃苹果、梨、桃都要先去皮，现在又改变了吃法，往往是洗净后带皮吃。

7. 从吃“肉”到吃“虫”

把昆虫当美味早已有之，当今更流行，并把它当成健康食品。大致估算，全球有五百多种昆虫已被列入了食谱。

四、连锁项目，想说爱你不容易

俗话说，背靠大树好乘凉。有许多大公司为了扩大市场份额，纷纷选择连锁经营的方式来扩充自己。为了有效而快速地扩大连锁经营的覆盖面，他们广泛吸收个体业主加盟经营。为此，他们常常会推出一系列优惠待遇给加盟者，这些优惠待遇或是免收费用，或是赠送设备，虽然并不是直接的资金扶持，但对缺乏资金的年轻创业者来说，等于获得了一笔难得的资金。

家住天津河西区的刘洪源大学毕业后上了一年班，但后来因为和老板发生矛盾，就辞职不干了。经过一段时间的观察，他发现河西区友谊路有一家卤味店的生意非常红火，便考虑开卤味店。但是，要开一家自做自卖的卤味店不仅投资大，还要顾及采购、加工、销售等方方面面，况且自己又不懂卤味熟食的制作技术。于是刘洪源通过朋友的介绍，以加盟的方式在河西区越秀路开设了一家“神雕青年卤味”连锁店。因为加盟连锁经营实行的是货物配给制度，刘洪源不仅省下了 5 万多元的设备费用，还省下了数万元的周转资金。母公司考虑到他刚刚开始创业，还免去了他近万元的加盟费用。实际上，刘洪源等于获得了 6 万多元的资金扶持，他自己只花了 2 万元就开起了一家一般需要七八万元投资才能开起来的卤味店。

但是，加盟也不意味着一劳永逸。每个人都想当老板，可在空有资金、没有技术的情况下，千万不要以为只要付出一点钱，就有企业帮你开一间店面，然后你只需坐享其成，每天等着加盟店的收入滚入口袋就行了。天底下真的有那么美好的事情吗？下面的案例可能会给大家一番新的警戒。

李大鹏 2014 年前搞了一个小摊，在一家市场里面卖葱油饼。这是非常平民化的食品，所以他的生意做得普普通通，赚不了什么大钱，只能够糊口。有一天，李大鹏忽然心血来潮，搞起了口味研发。他想，既然葱可以加入饼里面，那么地瓜、山药、香椿这些东西，能不能也放进饼里面呢？没想到这么一试，还真的让他研发出了不同口味的葱油饼。新口味的葱油饼让顾客觉得新鲜、好玩，李大鹏的收入就这么往上翻了数倍。

郭文平是李大鹏的朋友，他看李大鹏的生意这么好，不禁也觉得眼红手痒，想跟李大鹏讨个秘方，也转行来贩卖新口味的葱油饼。

李大鹏思考了一下，对郭文平说："好吧，反正我一个人也照顾不到这么多的顾客，不如你加盟我的葱油饼吧。我在城北卖，你到城南去卖，这样我们互相不会抢生意，你也可以当个老板，不用再给人打工。"后来，因为加盟者很多，一个地方就有好几个加盟者，大家都没挣大钱。至于新口味葱油饼的原创者李大鹏，因为加盟者多了，因此他赚到的钱又翻倍了，和加盟者的情况不能相提并论。

郭文平因为生意不好，前来找李大鹏叙旧，寒暄中问道："我在城南市场走了一圈，发现你的加盟者真不少，都有7个了。这样下去，加盟者互相瓜分市场，最后全倒了怎么办？你要不要考虑少收几个加盟者？"

"呵呵，加盟者越多，向我批发饼皮的人就越多。少收几个加盟者，这不是断我自己的财路吗？"李大鹏笑着回答。因为城南的加盟者要是倒了，他还有城西、城东以及外省的加盟者，他根本不在意城南加盟者经营状况的好坏。

搞加盟等于让大家帮他赚钱，但不等于大家有钱赚。李大鹏当初早想过了：假设一家店一天可以卖出300张饼皮，两家店就可以卖出600张饼皮，可是他没资本也没人手再去开分店。利用加盟的方式，就会有加盟者自己拿出资金来帮他成立分店，这是多么划算的生意！

不管加盟者会不会倒闭，对于李大鹏而言，损失都不大。因为如果加盟者不倒，就会每个月向他购买饼皮；就算加盟者倒了，他也收到了加盟费，而且他相信一定会再有新的加盟者跳入市场，填补倒闭门店留下的缺口。

做品牌加盟，风格及定位完全由母公司决定，货品不适应市场，加盟商无法自己调整。但在商场上，不确定因素很多，一旦出了问题怎么办？如果你询问加盟店母公司会不会有什么问题，对方的答复"包你满意”。

拿服装加盟店来说吧。

“有换货率吧?”——有。到时候换来换去都是那些走不动的货，能走的货全走了。

“配货能保证我那里好走吗?”——你放心，有专业人员调查市场，绝对会配送好卖的货品。但如果到时候货品走不动，换货率也用完了，公司完全可以甩一句“没理由，某某商场的专柜走得好好的”给搪塞过去。

“好走的版，补货没问题吧?”——没问题，就算没库存，公司也会从直营店帮你调货，各专柜补货量大的话还可以下单生产。可真到要补货的时候，对不起，我们公司的货太好走了，直营店也没有。下单生产？对不起，工厂没有这样的面料了。

“补货对色码有要求吗?”——没要求，你想怎么样补都行。但到时候，也许你要大码，母公司却只有小码；你要红色，母公司却只有黑色……

王晓秋从某卫视的招商加盟广告中了解到广州市一家童装公司正在招募全国加盟商。该品牌“不收加盟费、超低价供货、开业送赠品、返还装修费、年终销售奖励”。她看到这个加盟广告后，打电话咨询了一下，觉得还可以，就去总部考察。总部设在一座高层的写字楼里面，招商经理带她还有其他准备加盟该品牌的人去展厅参观，里面琳琅满目的服饰更是增强了他们这些人创业的信心。

王晓秋签订加盟合同后，对方许诺的进货价是2折，首批货款3万元，另铺货1万元，送价值3000元的开业赠品。等到货发回来，王晓秋吓了一跳，4万元的货就3箱，约50千克，3000元的赠品也没有。她以为是公司搞错了，打电话过去，他们说货就只有那些，也不可能没有赠品。她才反应过来是被骗了。该公司发来的货品很差，生意根本没办法做。来店里的客人都说王晓秋是“挂羊头，卖狗肉”。还有买过的客人投诉卖的衣服洗几次就不能穿了……王晓秋找过那家公司，但他们就说公司的货品就这个样，爱要不要。

现在，王晓秋只好重新上别的货了。为开这个店，打工几年的积蓄都花光了，原本想好好做生意赚点钱，可没想到被骗得这么惨。

不少大城市里都有上万家此类连锁加盟公司，其经营的商品有服装、饮食、饰品、玩具等。那么多搞连锁加盟的公司，不断在电视、报纸、网站上进行疯狂的广告轰炸，无一不是在告诉人们：做生意就是捡金子。中国有数千万有创业冲动和欲望的人，其中不知有多少人被这些骗子公司骗得一无所有。这种公司对加盟客户群的把握也是很准的，加盟费和首批货款加起来不会超出6万元。对想开店的人来说，这点钱还是拿得出来的，至少可以借来。但实际上，这些公司骗的就是加盟费和货款，受骗者想退又退不掉。如果受骗者要打官司，这些公司都聘有律师，受骗者如果没有必胜的筹码，也是一样被拖垮。

现在泛滥的加盟、代理项目，很多都是"石头"，被商人包装成"金子"来宣传。加盟、代理项目里，鱼目混珠，"金子"少，"石头"多。对于加盟和代理，如果真的感觉非常有吸引力，希望加入的话，创业者应该擦亮眼睛，实实在在地到项目所在地自己调查、挖掘、比较，尤其是要多看一看实体店，看看那些在实际销售中表现不错的项目或者具有发展潜力和特色的项目，并且经过和商家的实际洽谈，感受业绩真实性后再考虑是否加盟。这样选择出来的代理和加盟项目的运作成功率会较高，更可能是成功创业的捷径。

创业骗子项目少说也有上千种，而以下就是一些典型的创业骗子项目，希望年轻的创业者加盟时，仔细衡量，谨慎投资。

散件组装。大多都是骗取加盟费或保证金。如广告上说需要请人组装电子笔，免费提供散件，包运费。你找上门，他会向你索要高额的加盟费或保证金。他们赚的就是加盟费，他们会做赔本的生意吗？

组装电器。如电话防盗器、节能灯、书写收音两用笔等广告均称只要交保证金，就可免费领料组装、回收产品，让你获得丰厚的组装费。但当你交了保证金、领料组装完产品送交时，他们常以组装不合格为由拒收，目的是骗取你几千元的保证金。

废玻璃生产涤纶丝。技术不成熟，他们以高科技为幌子，提出千元投入万元回报。其实这种产品的生产技术要求非常高。家庭生产的玻璃涤纶丝，质量根本无法保证，产品也就不可能有市场，他们赚取的是生产设备费。

塑料提炼柴油。虽然是成功的技术，但是只停留在国外的科研院所，我国目前没有相应的标准，何况生产设备昂贵，小规模生产并不划算。

仿真花代加工。产品是真的，而且也确实有许多工厂需要请人加工。许多骗子公司往往看到了这点，骗你没商量。其实，这种加工都是工厂委托当地人加工的，不可能委托异地（特别是边远地区）加工。

遥控飞机租玩加盟项目。主要是骗取加盟费，而且此飞机的电池极不耐用。

啤酒现酿机。酿出来的啤酒口感与真正的啤酒相差很远，而且成本和价格很高。

数码影像加盟。多数不真实，为的是销售他们的产品。

植发店加盟。植发本身是真实的，但是全国的加盟店，盈利的大约只有 20%，其余的大多处于亏本状态。

秸秆造门。招商广告吹嘘说主要生产原料是秸秆，其实主要原料是氧化镁、氯化镁、玻纤布和活性剂，秸秆只占了 10% 左右。此类公司往往打着某大学的牌子和科技报国的旗号，招摇撞骗，欺骗广大迫切想致富的人。

珍珠领带的手工加工。主要是骗取材料费、押金等。一旦你上门交送产品，他们就会以产品不合格等各种理由拒收，还可能对你进行高额罚款。七扣八扣，那些押金也许还不够罚款，反而还可能倒欠他们的。

藤艺加工。骗局，骗取押金。声明在一定时间里完成多少产量，逾期则不退押金。这是加工骗局常用的招数，就算你请 100 个人来做也不可能完成他们所定下的量（还必须合格）。实际上，在骗子眼里，你的产品永远是不合格的。

蓄电池修复。电瓶修复技术是一项实在的致富技术。电瓶修复需要注意几点：一是对电瓶专业知识的了解；二是掌握好修复液的制作技术；三是对修复设备进行调查，不要轻信广告。许多厂家往往夸大电瓶修复行业的前景，无非是想卖他们的机器。

加盟“韩流”的陷阱。箱包、女性饰品、服装等领域盛行“韩流”。许多骗子也打着加盟“韩流”旗号招摇撞骗。鉴别真假时，主要看产品的产地，不能相信口头承诺。事先请律师对合同进行分析，并要求母公司把所有承诺都写入合同里。

第五堂课

是熟悉还是陌生

俗话说，隔行如隔山。对于大学生来讲，不要进入自己不熟悉的行业，挑自己拿手的才更上手，运作起来也更如意。大学生要清楚，不管是哪个行业，应该清楚自己是否了解这个行业，有没有从事这一行业的能力。如果自己没有这方面的能力，仅仅凭着主观愿望，是很难成功的。无数创业者的最终失败，大部分的原因都因为自己是外行。

很多创业者由于资金的原因经不起大风大浪，所以创业仅凭激情是不够的，只有从自己熟悉的行业入手，充分发挥特长，才能在创业中发挥优势。如果小本创业者硬要进入自己不熟悉的行业，只能是赔了夫人又折兵，还不如让创业的冲动早早夭折。

一、不要做自己不懂的事

生活中，不怕一知半解，不怕一无所知，只怕不懂却要装懂。事实上，不懂装懂本身就是一种无知的表现，它同无知一样可怕。所以，对于你不熟悉或者不擅长的事情，宁可躲远一些，以免暴露自己的无知。勉强上手去做，只会自讨苦吃。

一位做超市生意的小老板，认为该行业竞争太激烈，想转行做互联网金融。一个朋友劝他说，现在互联网金融这一行已经人满为患，一些实力很强的公司都觉得生存艰难，你没有经验，贸然投入，未必有利。小老板说："没有经验怕什么？我刚做超市时，也没经验，还不是做下来了？"他执意转行，结果因竞争力不行，一年下来，老本几乎赔光。

俗话说：不熟不做。只有熟悉某个行业，才能对这行的运营流程一清二楚，才知道在哪个环节能省钱，哪个环节能去掉，这样才能投入少、获利多，尽量多地赚钱。若对一个行业不熟悉，隔行如隔山，盲目去干自己干不了的事，行业内幕与潜规则不了解，难免摔跟头。正泰集团公司董事长南存辉说：我坚持遵循"不熟不做"的商规，不会眼热一时一地的辉煌，只在自己的优势领域里经营，才能将企业做大、做强，做出特色。想要赚取更多的钱，主要不在于你干什么，而是取决于你怎么去干。如果不顾后果地去做自己不太熟悉的领域，结果往往是失败告终。

刚从郑州大学毕业的苏森发现服装尾货是个暴利行业。他的家庭还算富裕，就想出资涉足服装尾货行业。他到北京大红门附近租了房子，每天去尾货市场转悠，天兰天尾货市场、天汇尾货商城、木樨园品牌尾货鞋城都转了个遍。他看到天兰天尾货市场8平方米的摊位有的一年盈利上百万跟玩儿似的，就每月花5000元租了个8平方米的摊位，时间是一年。苏森有两个打算：一是如果市场红火，自己可以经营尾货，只要与尾货商保持良好的关系，进入这个行业应该不困难；二是如果自己不干了，转租摊位也可以赚个零花钱。

但是时过半月，苏森的如意算盘打错了：首先，他没有货源，根本不可能拿到尾货，别人几元钱进的货到他这里就成了一二十元；其次，他没啥经营服装尾货的经验，眼看着其他摊位挣钱，自己却总是亏本。有个尾货商说的好："一看你就是个大学生，但是做服装不是你学历高就做得比我们好的。我们都做了一二十年了，哭着喊着过来的，直到今天才有个好的收入，你不可能刚入行就和我们做的一样。”苏森心里凉了，匆忙之下转手店铺，却并没有收到转让费。他栽了跟头才知道，盲目进入不熟悉的行业容易血本无归！

刚创业时，究竟要从事什么事业，要在哪个行业里打天下，这并不是人的主观愿望所能够决定的，还要考虑经验、知识、财务状况、发展前景以及社会需求等诸多因素。但在众多的因素当中，首先应当考虑的则是你最了解的行业。也就是说，最好能选择你懂的行业，在你懂的行业内创业，选择你了解的行业应当成为你选择创业道路的第一原则。

很多人创业是迫于生存的压力，希望多赚点钱，过上较好的生活。因此，在创业之初，是无所谓什么事业的，创业选择极具盲目性，为创业而创业。在刚开始创业之前，进入什么行业，以什么为盈利模式，都是一片茫然。很多创业者先将公司注册好了，再考虑业务范畴，结果肯定是创业失败。

在创业之前，创业者一定要有明确的创业方向，再决定创业。大量创业故事证明，成功者不是天才，或者自己拥有什么先进的技术和专利产品，而是对这个行业熟悉。比如开饭店、开茶馆、经营服装、开办文化娱乐业，这些行业没有很高的技术门槛，并不需要多高的智商，只要深入地熟悉、了解，动动脑筋就可以总结出行业的规律，找到生财的窍门，再加上勤奋和好的服务，就能够取得创业的成功。如果你想去创业，但对哪个行业都不熟悉，怎么办？比较现实可行的方法是选择一个你感兴趣的行业先去打工，这样一方面可以积累一部分的创业资金，也可以通过打工了解并熟悉你感兴趣的行业和项目，待积累了一定的经验，掌握了一定的技术，时机成熟后就可以自己创业了。新东方的创始人俞敏洪在创办新东方之前，在北大教了6年的英语，在校外做了好几年的兼职英语老师，并且他的课也很受学生们的欢迎，自己对教育培训这一块来说是很熟悉的。在发现出国英语培训有很大发展前景的情况下，俞敏洪于1993年创办了新东方，并迅速成为中国英语出国培训的领跑者。

要想修高楼，首先得打牢地基。要想打天下，首先得有根据地。那些失败的创业者总是从一个领域到又一个领域，各个领域对他们来说都是陌生的地方，而他们又没有耐心熟悉那里，就开始迈开步子。最终，只落得找不到回家的路的结局。

另外，即使你选择了熟悉的行业，也并不意味着你要创业就肯定能成功。这一点也需引起目前正在打算创业的朋友的注意。

小王大学毕业以后在上海一家公司打工，是公司的业务骨干，他自认为对公司的业务非常熟悉，可以说闭着眼睛都可以将公司玩弄于股掌之间。他觉得自己的翅膀硬了，可以单飞了，就向老板辞职，自己另立门户，当起了老板。可真正到他自己做了老板以后，才发现生意并不像自己想象的那样红火，客户盈门的情况并没有出现，而是门可罗雀，生意清淡。没过多长时间，他创立的公司只好倒闭。

做老板自己创业是一回事，给老板打工又是另外一回事。自己做老板，公司里外的所有事情都要在自己的掌控之下，既要做好公司内部的管理，同时更重要的是对外要有客户才行。虽然小王对自己原来所在的公司业务的确非常熟悉，也的确闭着眼睛就能把业务玩转，可他忽视了一点：要成功创业，单靠自己的业务能力是远远不够的，因为你最终面对的是市场，是顾客。没有了后者，你纵使有上天的本领和能力也于事无补。就创业而言，就经营者而言，最忌讳的就是做那些你从来没有涉足过的既陌生又没有把握的生意。你熟悉餐饮业，你就踏踏实实地做你的餐饮业，而不要去经营汽车配件；你熟悉建材业，那你就踏踏实实地做你的建材业，不要看到眼下经营化妆品的生意很火爆就去经营化妆品。在进行创业设想的阶段搞清了这一点，对你以后的创业会大有好处。

要一心一意、全心全意地去做你熟悉并且了解的行业，千万不要人云亦云，不要好高骛远，也不要打一枪换一个地方。如果你能做到这一点，十有八九能赚到钱。否则，你只有站着看的份儿，弄不好“海”没有下成，反而喝了一肚子水。

二、把精力集中于一点

创业在很多人眼中是件很简单的事，认为有点资金、有点人脉就能开公司，当老板。其实，真正的创业并非想象的那么简单，一个连自己创业机会在哪都不清楚的人徒有激情也无济于事。

周利民就是激情创业的代表，自打从一家杂志社辞职单干以来，2年内他换了4个投资项目，每个项目最长也就做半年。广告、培训、销售代理、五金贸易，几乎每个创业项目之间都没有什么联系。倒是周利民的办公室挺气派，老板台、会客室一应俱全。周利民每天早出晚归，煞是辛苦，但就是一点起色也没有。在妻子的一再催促下，周利民不得不放弃以前的想法，认真分析自己的实力和社会需求，如今又在寻找新的商机。

很多人看见别人做某个东西很赚钱，自己就立刻跟入，结果亏了个血本无归，为什么这样呢？我们要分析这个东西是否适合自己。例如厨师出身的人更适合去开个饭店，而工程师更适合承包工程去做。如果厨师去承包工程，而工程师来开饭店，那失败率肯定会增加的。

某地有一家餐馆，为了吸引所有的顾客，登出广告："我们经营川菜、东北菜、粤菜、淮扬菜。"老板的想法是：如果妻子想吃中式春卷、丈夫馋东北棒骨、孩子要四川火锅，我都有生意可做。但实际情况又是怎样的呢？大多数顾客心里会想："这家饭店能同时做这么多种菜，恐怕哪一种都做得不精吧？那种专门经营一种菜系的饭店，可能会做得更精一些。"结果，这家饭店的生意不是增加了，而是减少了。

其实，无论是饭店还是个人，其精力必然是有限的。做很多事情，往往不如专门做一件事情做得精。俗话说的"样样精通，样样稀松"就是这个道理。

天下可赚的钱很多，但不可能都让你赚，在一个领域里赚到钱就算很成功了。即使很有能力的人也应该明白：自己能干什么，不能干什么，能赚哪份钱，不能赚哪份钱。

也许有人会说，有的企业还开展多种经营呢。其实那也是在专一地做好了一件事，有了扎实的基础和本钱后，才进一步拓展的。而且在企业界，多元化也往往被视为企业家的陷阱，只有少数有实力的企业才能做到。

人的精力和时间都是有限的，把精力集中于一点，就容易把事情做好，如果把自己的精力分散到许多个点上，结果肯定不容乐观。古人比喻说：十个手指按九个跳蚤，结果一个也按不住。如果用心去观察那些已有成就的富人，几乎都有一个共同的特征：不论聪明才智高低，也不论他们从事哪一种行业、担任何种职务，他们都在做自己最擅长的事。一个人的成就来自他对自己擅长的工作的专注与投入。

世界上无数的失败者之所以没有成功，主要不是因为他们才干不够，而是因为他们不能集中精力、不能全力以赴地去做适当的工作。

有一位小老板的口才很好，曾在演讲方面出过一点小名。后来，他创办了一家图书公司，业绩也不错。他认为应该利用自己的演讲才能，从事企业员工培训业务，既可提升知名度，又可增加收入来源，可谓名利双收。当他跟助手商量这个计划时，那位有头脑的年轻人反对说："做生意要一心一意求利，当你做大了，做成腕儿了，名声自然也就有了。但不能一开始就想名利双收，否则可能名利两失。"

小老板说："我做演讲也能赚到钱，很多公司不是也开展了多种业务吗?"

"那些公司已有很好的基础，人才济济，老板不插手，事情也会做得很好。我们才十几个人，实力还不够强。如果分散精力更做不好。"小老板不听劝告，仍然把企业培训业务搞起来了。这样一来，耗费了他大量精力，以至于对图书市场缺少必要的研究，屡次出现决策上的失误。图书生意失利又分散了他做演讲培训的精力，结果正如助手预言的那样，两项生意都做坏了。

三百六十行，行行出状元。一个人最终创业的成功，应该是在一个点上突破出来的成功，他至少在这一个点上应是最优秀的。样样精通却样样稀松的人，无成功可言。一个人如果是搞技术的，就应该有过硬的技术和能力；搞管理的，就要精通管理；搞营销的，应走到哪里，哪里就能产生市场效应。在人生的坐标系中，一个人如果站错了位置——用他的短处而不是长处来谋生的话，是非常可怕的，可能会在永久的卑微和失意中沉沦。

每个想成功创业的大学生，对自己的人生道路和自身优势都应该进行一番思考和设计，真正认清了方向，加以精心培养，就可以少走弯路，事半功倍，早日成功。在人生的路上，只要你能够善于发掘和利用自己的优点，就很容易成功创业。

三、挖掘自己的特长

每个人都有特长，都有擅长和不擅长的东西。只要是人，都有特长，都有上帝赋予我们强于他人的能力，只是有的人及时发现和发挥了自己的特长，而有的人把这种资源白白地浪费掉了。

也许你不信，很多人终其一生，都不知道自己有特长，当然更谈不上发挥和利用自己的特长了。其实，每个平淡无奇的生命中都蕴藏着一座丰富的金矿，只要你肯挖掘，你就会挖出令自己都惊讶不已的宝藏来。

董海亮是一个退休的工程仪器设计师，他看好教学仪器市场，想利用自己的特长开一家教学仪器公司。可是，当他仔细做过市场调查后，发现现在市场上的教学仪器公司多如牛毛，而且个个神通广大、精明能干，怎么办呢？他开始思考对手的劣势和自己的优势：自己有过多年的工程仪器设计经验，在工程设计上时常有独特的创新，曾经获得过多项国家专利，只不过那时候自己尚在职，属于职务发明，专利归于单位；现在自己退休了，如果再有创造发明，就可以申请为自己的专利了。那么，在技术上，就可以为对手筑起壁垒。另外，自己在单位时，曾到多家学校教授过教学仪器的使用方法，现在仍有些客户不时来找自己帮忙，这是他可以利用的资源。那么，有了技术，有了客户，生产问题反而比较好解决：自己年纪大了，不想再拉大摊子，委托加工就好了，现在愿意承接来料、来样、来件加工的小工厂多的是，从中找几家就可以解决问题。

分析完之后，董海亮对自己的创业计划越来越有把握。他开始行动，找了过去的一帮老哥们儿，很快就把摊子拉起来了。在营销方法上，他们也采取了比较保险的方法，不是拿产品去找市场，而是根据市场去设计和生产产品。他们还和学校交流，看对方需要什么样的仪器，能接受什么样的价位，然后再有针对性地拿出解决方案，双方皆大欢喜。创业开始后的第三个月，他们就有回报了。

无论自己的家底有多厚，假如想去创业，都一定要有自己的特长或者核心技术。俗话说“没有金刚钻，别揽瓷器活”。现代创业也流行一句话，叫作“千招会不如一招绝”。上述所说的“金刚钻”“一招绝”等，其实就是创业竞争的资本，是创业者的核心竞争力。

沈阳有个小女孩，学习不太好，只是职高毕业，在学校学的是面点，但她有一个最大的特长——做饼。日本人很喜欢吃她做的饼，据说有一个日本老板偶然间在街上买到了她做的饼，转身就把她挖到了日本。现在她仍在日本工作，用做饼赚来的钱给国内的父母买了车和房。这是靠特长致富的范例。

发现自己最具竞争力的特长，必须要清楚地回答两个问题：我想做什么？我能做什么？有人问比尔•盖茨成功的秘诀是什么，他说：“知道自己究竟想做什么，知道自己究竟能做什么，是成功的两大要素。”

北京某健身房的老板陈琦曾经是国家花样游泳队的队员，获得过国际花样游泳赛的亚军，在花样游泳界具有一定的声誉。在十多年从事花样游泳训练和比赛的过程中，陈琦积累了很多有关水中健身的知识。大家都看过花样游泳比赛，花样游泳队员健美的身姿常常令旁观者称羡不已，这是因为水中运动具有最好的塑身减肥功效。同时，陈琦在花样游泳队的时候，还负责队中的比赛选曲以及水中舞蹈动作的编排设计，掌握了非常丰富的知识。这样，从国家花样游泳队退役之后，陈琦就顺理成章地办了一个健身房，利用自己掌握的知识，创编了一套卓有成效的水中健美训练操开班授课。

随着人们生活水平的提高，对于健康和美丽的追求已经超越衣食住行成为众多女性的最高人生目标，为此不惜一掷千金，这为陈琦开展业务打下了良好的基础。因为陈琦具有较高的知名度，加上水中健美运动对于塑身健体的作用已得到了科学验证，受到了普遍认可，陈琦的健身房开张后运作得非常顺利，陈琦也从中淘到了自己的第一桶金。

尺有所短，寸有所长。很多大学生也许兴趣广泛，掌握多种技能，但在一个人的所有技能中总有一个最长项。创业者应把握的一个原则是：选择最能使你全力以赴的职业，最能使你的品格和长处得以充分发展的职业。因为唯有利用你的长处，才能给你的人生增值；相反，利用你的短处则会使你的人生贬值。

四、创业，更需要兴趣

创业需要激情，更需要兴趣，因为那是让你保持创业激情与耐力的催化剂。一个人只有选择了他最喜欢做又有能力做的事情，他才会自觉地、全身心地投入到工作中去并忘我地工作，才有可能在遇到困难和挫折时百折不挠、勇往直前，千方百计克服困难，实现创业目标。事实上，很多成功创业者所从事得都是自己感兴趣、有特长的项目，至少也是自己很感兴趣的项目或行业。

湖南姑娘唐新琴从小爱吃。大学毕业后，她在一家报社当编辑，更是出了名的“馋猫”，把收入的80%都花在吃上。小唐刚到长沙两年，就吃遍了各大酒店、摊点，到外省开会、出差一定会遍尝各大菜系。没想到，她就凭“爱吃”吃出了名堂，一看菜就知道是什么味儿，点菜成了她的特长。她因爱吃、会吃而名声在外。到长沙来的很多外地朋友请她去“导吃”，各大酒店也请她去指点不足。她向酒店提出改进方案，建议酒店设专人来分析顾客所点的每张菜单，从而根据个人的饮食习惯来确定赠送什么菜，让不少老板茅塞顿开。后来，长沙一家大酒店高薪请她做兼职膳食顾问，专门负责点菜事宜。如今，她受雇于多家酒店、宾馆和旅行社，成了名副其实的点菜师、美食家。

有很多人在网络上摸索着自己的道路，可网络上的信息太多，让他们无所适从。盲目地走了一圈之后，才发现自己又回到了原点，却不知该何去何从。为什么他们坚持不下来？道理很简单：那并不是他们想做的事。对自己没有兴趣的事情，即使坚持，也是自我折磨。创业就要去做自己喜欢做的事。关键是做自己喜欢做的事，你不会感到累。如果你喜欢听歌，听歌的时候你会累吗？如果你喜欢看电影，看电影的时候你会累吗？创业就一定要做自己喜欢做的事，这样的创业才是有意义的。坚持是创业必须具备的素质；而兴趣和对自己的项目的热爱程度是决定创业者能走多远的重要条件。

肖兮小时候是个很聪明的孩子，但由于玩足球玩得入迷，学习成绩受到一定影响。他经常上网翻阅资料，自己还创办了一个足球网站，登载足球评论、足球动态、球队球星资料等。玩得多、看得多了，他在网上发表的球评往往见解独到、深刻，与众不同，让人产生强烈反响。逐渐地，他的才华也引起了足球界的关注，被中国最大的足球报《足球》所看重。2002年4月，年仅19岁的肖兮放弃学业，进入这家报社工作，被聘为国际版编辑兼足球评论员，成为这家报社唯一一名只有高中学历的编辑。

什么样的兴趣适合创业？兴趣分为两种：休闲兴趣和职业兴趣。休闲兴趣不适合白手起家，应在物质生活有保障的前提下，抱着一种平稳的心态去尝试进行，职业兴趣则比较适合以此为业。

陈虎从小就喜欢望远镜。念大学时，学校每年组织同学到山区野营，很多同学都想买一台望远镜，他就找代理商买了20多台，每台加一二十元卖给同学。因为陈虎对望远镜非常了解，进的货也非常适合同学们的需要，而且物美价廉，大受同学欢迎。大学毕业前，陈虎总共卖出了3000多台望远镜，赚了近6万元。

创业者不要轻视了兴趣，兴趣是开拓事业的重要动力之一，是创业成功的重要条件。创业者最大的痛苦是寂寞，不被人关注，不被人了解，有时可能还会受到别人的误解。如果没有做好寂寞创业的准备，是很难熬过这一关的。但是，只要这项工作是你感兴趣的，那么就如同你心中有一团不灭的火，就能坚持下去。

王占涛在上大学的时候很喜欢研究数码产品。大学毕业后，他开了一家数码产品店，主要是卖手机等数码产品，同时维修手机。

万事开头难。因为王占涛社会经验不足，曾经被偷过几千元的产品。店里又无正规的管理系统，全靠人手盘点货物，有时候直到凌晨才能盘点完货物回家。

虽然创业辛苦，做的是小生意，但王占涛感到很幸福。现在能做自己喜欢的事情，每天都觉得很开心。不管顾客买不买自己的产品，只要顾客遇到手机方面的问题，他都愿意解答。如果他想赚大钱，大可以拿一些翻新的二手手机来卖，但他没有这样做，因为他有自己的原则。更重要的是，他认为自己的诚信形象是无价的。

创业的过程是艰辛的，道路也是曲折的，但王占涛不怕困难，而是勇于挑战，与时俱进。这一切都是因为他喜爱这份事业。

如果对一件事物产生了兴趣，就会调动自身的潜能、时间和精力去接触、去体验，不管遇到什么困难险阻，都会一如既往地进行下去。其实，这种精神状态就是创业者所必须具备的创业素质。而正因为有了“兴趣”这一重要的素质，比起其他创业者，无形中你就增加了一个成功的砝码，也可以说你在起跑阶段就占有了一定的优势。如果你是因为兴趣而去创业，那就没有失败，因为你是顺应自己对美好事物的向往，这本身就是一件很惬意的事情。成功，只不过是对你坚持这种行为的一个小小奖励。

第六堂课

是红海还是蓝海

在现代的商业环境中，存在很多片“红海”，即已知的市场空间。在红海中，创业将面临激烈的竞争、利润的缩小、价格战的兴起以及市场的萎缩。在红海之外还有广袤的市场天地，其间蕴藏着巨大的需求，这就是人们所说的“蓝海”。蓝海指通过改造现有的体系，从成本、消费群体、消费方式转变、产品服务升级等诸多方面实现创新，从而跳出红海，开辟属于自己的市场空间，达到营利的目的。但蓝海也不是一成不变的，新开辟的市场很快会引来跟进者，从而又会变为红海。所以，创业者要保持领先，只有不断地超越自己，不断发现新的蓝海，从而创业成功，赢得财富。

一、找到无人竞争的蓝海

现存的市场由两种“海洋”所组成：即红海和蓝海。红海代表现今存在的所有产业，也就是我们已知的市场空间；蓝海则代表当今竞争不激烈的产业，包括未知的市场空间。所谓“蓝海战略”就是企业突破红海的残酷竞争，不把主要精力放在打败竞争对手上，而主要放在全力为买方和企业自身创造价值上，并由此开创新的“无人竞争”的市场空间，彻底摆脱竞争，开创属于自己的一片蓝海。

在脱离激烈竞争的红海，注重模式创新，勇于开拓蓝海的企业里，星巴克是一个典型的成功案例。

在咖啡市场中，一些厂商通常是采取低成本策略在价格上竞争，咖啡零售业已被极度商品化，看起来已无利可图。不过，星巴克凭借独特的模式创新、独到的经营方式与高价政策，反而为自己带来了忠实的客户群，从原有的咖啡红海中开辟出了一片“蓝海”，因而占据了一定的咖啡市场。

与此相类似的案例还有许多。例如，从最初开始，如家连锁酒店就将自己定位于普通酒店的级别，去掉了高级酒店中常见的奢华部分，注意整体环境与服务，从而使其在竞争已达到白热化的酒店行业中占据了一席之地。

可见，蓝海战略所透露出的核心观点就在于寻找突破点，在看似绝望的红海中开辟出一片光明的蓝海。

别人都没发现这块“蛋糕”，被你发现了，即使做得再差，你也是行业第一，也具备别人没有的优势，几乎享有独立自主的定价权，可以自己设定行业标准。这时，你只要搞定客户，利润自然就会滚滚而来。等到别人也发现这块“蛋糕”时，你仍然可以利用技术、价格、口碑以及资源的优势独占鳌头。作为创业者，你一定要善于发现那些消费者不够满足或者根本就没有得到满足的领域，这些领域里所蕴含的是不可思议的惊喜。

在现实中，很多人总是跟着热门产品转，哪种产品好销，就跟着做哪种产品的生意。其实，这种做法不是上策。在红海中，你拼我杀的结果必然是大打价格战，甚至会使实力本来不算雄厚的大学生创业者元气大伤，再也没有翻身的可能。

任何商业市场总还有空缺的需求。创业者与其在红海中拼得血肉横飞，何不细心地观察市场需求，找到那一片无人竞争的蓝海？

下面就为大学生创业者提供一些“点子”。就我国目前的现实讲，以下这些领域可能会使你的钱赚得容易一些。

1. 健康领域

虽然青春是花再多的钱也买不到的，但人们为了留住青春，防止衰老，是不惜金钱的。而且，中国人已经走出了以吃饱为原则的贫困线，这种倾向就更为明显。

2. 女性领域

女性一般比较感性，因此，她们的钱更容易赚。你只要紧紧抓住“青春”“美丽”“魅力”“身材”“健康”“爱情”中的一个，就足以打动她们。

3. 现代化农业

现代化农业是一个好的机会。现代化农业包括农业新技术和做生鲜电商，这些都是创业机会。特别是生鲜电商，既符合互联网拉动销售的要求，又能够促进农业现代化。

4. 教育和培训

教育——特别是在线教育——是这两年的资本追逐热点。无论是幼儿教育、中小学辅导班、职业培训、英语培训还是研究生考试、公务员考试等，都可以成为创业者的阳关大道。

5. 服务业

服务业在我国经济中的比重还比较低，国家也一直提倡大力提高服务业水平。旅游行业、健康及养老行业、创业设计应该机会不小。另外，服务业的互联网化、O2O 化也能诞生一些创业机会。

当然，赚钱的领域多的是，以上这些领域也只是供你创业时参考。

密歇根大学的战略教授普拉哈拉德说：“不管你有什么优势，都会有人把他夺走。”蓝海战略的主要思想是要求创业者不断创造自己的竞争优势，时刻保持自己独一无二的战略竞争态势。如果只固守自己的竞争优势地位而不思进取，最终会被别人打败。创业者需要的是永不停歇的创造力和开拓进取的战斗精神。为了始终保持领先，为了进入一片蓝海，需要不断地创新，因为竞争永远不会结束。

二、摆脱竞争对手，不与竞争者竞争

在投资创业初期，很多人由于不熟悉市场，喜欢跟着感觉走。掉渣饼流行，就加盟掉渣饼；糖炒栗子大卖，就跟着做糖炒栗子。往往自己认为是搭顺风车，能挣大钱，结果身在红海，最后血本无归。如果你喜欢呼朋引伴，尤其是跟在大家屁股后面走才有安全感，那么你千万不要创业。

小本投资者由于势单力薄，经不起市场竞争的大风大浪。因此，在选择投资项目时就应审时度势，既不要向市场领导者挑战，也不要白费精力紧随其后，要选择别人不愿意干或尚未顾及的那部分市场，采取补缺填空策略。这样既可以开发属于自己的有利可图的“角落”市场，同时又最大限度地避免了与强手直接较量。

不与竞争者竞争是蓝海思维的突出特点，这既是一种战术，又是一种战略。成功的创业者都善于寻找市场的空白，不跟风，这样就不与竞争者正面纠缠，而是迂回到后面，以迅雷不及掩耳之势占领市场。

高骏是陕西省佳县人，几年前来北京打工。有一天，他与几个老乡去逛街，路经一个瓜果市场。他们准备买一点水果吃，可那些水果昂贵的价格却令他们这些打工族望而却步。忽然，他一眼瞥到一堆枣，那正是他家乡的大枣。何不买一点来吃呢？这种枣在他的家乡很便宜，每斤才 1.5 元。于是，他问了一下价格，结果令他大吃一惊：每斤 6 元！高骏想：这大枣的两地差价这么大，当中该有多少赚头啊！不久，他就返回家乡，买了2吨大枣，送上一辆开往北京的货车。他来到一家批发市场，把大枣按照每斤4元的价格批发给小贩们。不到一天的工夫，大枣被抢购一空。高骏第一次尝到了发财的甜头。他并没有因此而满足，又开始跑下一趟。短短一年多时间，他已挣了数十万了，路也跑熟了。他不仅经营大枣，还开始经营另外一些家乡的物产。

人云亦云、随波逐流是一般人的思维方式，但却是市场经营的大敌。对一个问题要从多种角度去观察、去思考，要透过现象看本质，只有这样才能在市场经济的大潮中站稳脚跟。有位经济学家曾经讲过一个生动而有趣的故事：如果一个犹太人在美国某地开了一个修车店，那么第二个来此地的犹太人一定会想方设法在那里开一个饮食店。但中国人则截然相反，如果一个中国人在某地开一个修车店，第二个、第三个来此地的中国人往往开的也是修车店。“千军万马过独木桥，落得人仰马翻”是常事。能不能来个“你过你的独木桥，我撑我的小木船”呢？

有一年，某地的生姜特别贵，达到了有史以来的最高价。很多菜农都抱怨自己的运气不好，没有栽种生姜，丧失了一个发财致富的绝好机会。看着卖生姜的菜农点票子的得意神情，很多菜农都羡慕不已，纷纷表示明年一定要多多地栽种生姜。只有一位老菜农冷静地说：“明年我要多育生姜苗。”第二年，正如他预测的那样，种生姜的特别多，需要的生姜苗量特别大。但等到生姜成熟的季节，生姜价格却掉头向下，很多人都赔了本。结果是种生姜的倒了霉，育生姜苗的发了家。

但凡在角逐激烈的市场上取得成功的创业者，都有“宁为鸡首，不做凤尾”的独立个性，他们的经营思路大都步入一种“避免竞争”的更高境界。因为一味竞争，不但甩不开对手，还会被其紧追不放，最后弄得双方精疲力竭，两败俱伤。而如果能避免竞争，就能使你好像先天具备了一种“亲和力”，避免四面树敌。

报载，上海市徐家汇商业区在与老牌商业区南京路、淮海路的竞争上，形成了自己的经营特色，想出了“错位创业”的新招，即：你搞这个我就不搞，大家错开，在商品服务档次等方面都各有特色和侧重。现在，三大商业区已经形成了错位竞争的格局：东方商厦在上海商界有

“买世界一流名牌上‘东方’”的说法；太平洋百货紧跟潮流的优势，吸引了年轻的消费者，特别是年轻女性；汇联商厦则以经销大众货、中低档商品为特色等。

创业的最高境界是互补，而非竞争。寻找市场空白点、力求形成自家特色是创业成功的两个着力点。与其做别人的“第一百个”对手，不如做自己领域的“第一个”强者，这样创业才能更接近成功。

三、拾遗补缺，寻找冷门

现任阿里巴巴集团董事局主席、中国雅虎董事局主席马云，曾经鼓励正在创业的年轻人说：“如果我马云能够创业成功，我相信80%的年轻人创业也能成功。如今创业的机会实在太多了，只要你肯抓住机会。100年以前就有发明家说该发明的都发明光了，可是现在又出现了多少新生事物?”

所以，作为一名创业者，需要做的不是挖空心思去发明创造，而是睁大眼睛在已有的产业中挖掘出闪光点，这样不仅进入市场快，还能尽快得到认同。

360公司董事长周鸿祎曾说，不管电子商务和移动互联网多么被看好，但对单个的创业者来讲，这些有点像空话，并没有太多切实的关系。相反，他鼓励创业者着眼小点，尤其是那些不被看好的冷门行业。

眼下，不少小本创业的人有些盲目，看到别人做什么就做什么，结果有的不仅赚不到钱，甚至还亏了本。由此看来，要多动动脑筋，多到市场上去走一走。不妨找找冷门，把袋里有限的资金花到点子上，这样才能减少风险，提高成功率。

有一位江西青年，尽管失业在家，却特别喜欢琢磨事情。一开始，他经营地板砖，由于同行多，竞争激烈，生意一直做得很难。一天，他去厂家进货，看到工厂旁堆着许多无人问津的破损地板砖，忽然觉得这是个很好的赚钱机会。因为破损地板砖经过切割，可以加工成正品地板砖或地脚线。于是，他立即大量购进这些破损的地板砖，用自己装配的几台切割机进行统一规格的切割，再以适当价格售出，获利甚丰。

从这个例子可以看出，创业者应该注重的并不是那些别人都在经营的东西，而是在无人看见的点上去花工夫、独辟蹊径，反而会收到更好的效果。冷门生意其实是最好赚的，现在许多想创业的人都有一种困惑，不知道做什么生意好：搞零售，现在大卖场越来越多，小舢板根本就敌不过大舰队；搞传统服务业，早有实力强大的公司抢占了商机，难有缝隙可入。

但要想把冷门生意做好，就需要创业者独具慧眼，不能人云亦云，要多到市场上走一走，把生意目标盯在大公司不能插足的行业上，生产、销售一些大公司不能渗入或者不想加入的特殊而有个性需求的商品或服务。

北京有位女大学生开了一家专营高档雪茄的“绝代茄人”店，不但零售业绩不错，还成为许多著名外企的高档礼品供货商之一。短短二三年，她的个人资产就过百万了。还有一位外地农民，当地乡间盛产柑橘，但是他没有直接参与柑橘购销，而是独辟蹊径地做起了装柑橘的果箱生意，一年收入是水果经销收入的好几倍。

由此看来，善于发现商机，做没有人尝试的冷门生意竞争少，又有自主定价权，可以从容不迫地打开市场，容易成功。关键是在准备创业前，要认真研究、分析人们的消费需要，尤其是那些特殊的、潜在的、还未被挖掘的消费需求。迎合了这些需求，就能把冷门的生意做大。

有人说：“美国人卖的是脑子里想出来的东西，日本人卖的是手里做出来的东西，犹太人卖的是富人需要的商品。”这充分说明：在生意场上，你要见多识广，有较深邃的经营眼光。特别是市场盲区里那些貌似不起眼的冷门生意，你只要用楔子精神从缝隙挤进去，做别人想不到、不想做的生意，就能取得消费者信赖，从而开拓出一片新的事业。

在邯郸一家集贸市场上，有一位专门卖鸽蛋的人，一只鸽蛋卖0.5元钱。这个生意在市场上是独一份。他有亲友在邯郸郊区一家规模很大的养鸽场工作，因此鸽蛋货源有来路。随着人们收入的增加，生活质量普遍提高，在饮食上对于营养健康的要求更是不断提高，因此生意见旺。鸽蛋的蛋白质含量本身就比鸡鸭蛋高，所以在市场上深受消费者欢迎。

众所周知，垄断行业的钱最好赚。若能吃上“垄断饭”，即使只分享一点“残羹冷饭”，也好过外面的“鲍鱼燕窝”。而一些冷门行业，因为只有一小部分人关注，所以极易形成垄断局面。投资于这些行业，在产销方面的竞争对手相对较少，若是独家生意那就可以占据垄断地位，赚钱就会更稳一点。当然了，这里所说的“垄断”只是相对的垄断，是在某一个时间、某一个地区、某一个行业占据垄断地位，从全国范围来说，根本谈不上垄断。

目前，人们对热门行业、热门职业趋之若鹜，所以经常是大家都往一条路上挤，千军万马过独木桥，所以才有了各种泡沫。市场是变化的，比如前几年的金融专业、工商管理专业等还是人才短缺的热门专业，但近几年的大学生毕业时可能找工作都困难。这世界变化太快，现在的“热门”可能很快就会变成“冷门”，现在的“冷门”可能就是以后的“热门”。因此，选择行业跟炒股票的道理一样，避开竞争过于激烈的行业，不妨选“冷门”，选暂时不那么起眼、不那么引人注意的行业或职业，做行业的“弄潮儿”。就算是夕阳产业，社会也有相对的发展空间。

在现实中，冷门的投资方向很多。投资于冷门，是否可以赚钱，关键是要看投资方向是否对头。那么，怎样认定投资方向呢？

1. 判断投资对象的稀有程度

“物以稀为贵”是众所周知的常识，生产销售市场上缺乏的东西才能够获得较高的利润。

2. 判断将来市场需求的大小

若需求量将增大，就可以投资；相反，就不可以。例如，某种商品在国外市场上流行而在国内市场上还不多见，那么这个投资方向就值得考虑。

3. 判断技术的发展趋势

如果要投资的项目在技术上处于领先，并很难被别人超越，具有应用前景，而且它的价值尚未被别人认识到，那么这往往会是一个好的投资项目。

4. 判断投资对象的真实价值

不管投资什么，只要是一种冷门且具有超过当前所值的价值，那么在今后就会具有更多的升值空间。但是，这种判断需要细致和耐心，而且往往很困难，也很难做到准确无误。

5. 判断人们将来在该方向上的投资趋势

若将来会有许多人投资该领域，那么就表示尽管这个领域现在是冷门，但日后的竞争会非常激烈。倘若进行投资创业，就要意识到将来的竞争，做好心理准备。

6. 判断大的经济气候

大的经济气候会影响人们的购买力，也会影响冷门转向热门的速度，进而影响创业者的经济效益。对一个领域来说，除了特殊情况（比如非典时期，口罩、板蓝根脱销；奥运时期，奥运福娃和奥运纪念品脱销；地震时期，帐篷和方便面脱销……）以外，大部分的商业活动都是与国民经济走势密切相关。因此，对经济气候的判断也应当作为投资的参考标准。

对于一些白手起家的创业者来说，缺资金、缺经验、缺背景、缺关系，在竞争激烈的热门行业中，很难有立足之地。在此情况下，不如独具慧眼、另辟蹊径，开拓一些别人瞧不起或者根本没有瞧过的冷门生意，从市场竞争的缝隙中寻找财富。

四、顺着人们的需要找机会

处处留心皆商机。路边的一根烟头、一片废纸或许就隐藏着无限商机，就看你善不善于挖掘，能不能辨别。

东莞市郊有一个车站，每日凌晨均有大量旅客眨着惺忪的眼睛抵达东莞。这个时候，能有盆热水洗把脸、刷刷牙对他们来说应该是一件很幸福的事。居住在当地的一个小伙子很快注意到了这一点，便每日凌晨备几大桶热水，外加毛巾和牙刷，支起了一个“洗脸摊”，结果生意出奇地好，收入颇丰。不少人评价说，小伙子的这一创意真令人称赞。

很多人总觉得创业是一件非常大的事情，总等着惊天动地的机会来临。事实上，对于创业者来说，大多数机会就存在于你身边的小事上。只要有足够的眼光和敏锐度，去关注它们、发现它们、挖掘它们，很多小事情都可以做成大事业。

天津市和平区有个叫孙少彦的人，大学毕业后干过推销员，跑过运输，也当过店员。一个偶然的机会，一个神奇绝妙的点子突然闯入了他的脑海。他欣喜若狂，从此走上了致富之路。

事情是这样的：一个星期天，他路过一家金鱼店，忽然被一对母女的对话吸引了。那小孩子想买漂亮可爱的金鱼，妈妈不同意，说：“你手上已经抱了这么多玩具了，还要花钱？那金鱼几块钱一条，好贵啊！”小孩不肯走，母亲只好硬拉，最后小孩哭哭啼啼地走开了。

这件事本来没有什么大不了的，但孙少彦却感到其中有什么东西触动了他。他想：小孩有那么多玩具，却还想要金鱼，这说明小孩子也许根本不知道近百元的玩具和几块钱的金鱼哪个贵，只知道金鱼漂亮可爱得多。小孩子的消费观念具有不稳定性，今天想要这个，明天想要那个，只要抓住这一点就容易赚钱。何不用免费赠送金鱼的办法来推销更贵的商品呢？金鱼可以用来推销食品、服装、书籍等，难道不能用来成为游戏赢者的奖品吗？金鱼可爱，蝴蝶不可爱吗？萤火虫不可爱吗？这些东西价格不高，却很漂亮。所以，有可能会吸引孩子的东西，都可用来助销。人们总是喜欢贪图一些小便宜，那么除了孩子，其实也可以用小东西来吸引更多客户，还可以倒过来用大东西帮忙推销小东西，用畅销品带着卖出滞销品……这个点子让他浮想联翩，思绪万千，激动不已。

他找亲戚借了 2 万元钱，利用低价时机买进了许多玩具、食品；他又找了一家鱼苗厂，购入了 2000 条小金鱼，价格比大金鱼便宜好多；他还请人印了许多海报。于是，他的小店开张了。众多海报吸引着孩子们拉着父母来买东西，只是为要免费的金鱼。孙少彦因此发了大财。

很多人在创业中找不到财富增长点，因为思维定势已经让他们失去了创新的想法和勇气，因此根本找不到赚钱的新路子。其实，不妨回头去换一个角度，换一种思维方式，甚至反过来从通常认为荒唐不可取的角度去寻找方法，就有可能云开雾散，找到出路。

有需求就有商机。要想成功，就要有一双善于发现“需求”的慧眼。有人说过，在今天的社会，只要你给了社会好的产品，社会一定会给你更多的回报。顺着人们的需要找机会，你就会发现，社会的巨大需求给商家提供了一个天广地阔的大舞台。

人们去饭店吃饭，常常出现这样的情景：大受欢迎、一端上来就被抢个精光的，往往不是那些大鱼大肉，而是清淡的小菜。就是这种司空见惯的场面，被只有初中文化的青年胡小平注意到了。

他以前一直在南京的一家农贸市场打工，靠卖榨菜、酸菜等小菜维持生计。后来他发现，无论城市家庭还是宾馆、饭店，对各类小菜的需求量都比较大，就萌生了用统一的品牌包装各地小菜的想法。注册了“小菜一碟”的商标后，他组建了专业小菜配送公司，结果年销售额一举突破了 1500 万元。如今，胡小平一手缔造的小菜“王国”已经在全国拥有 9 个分公司，30 多个生产基地，近 200 个风味独特的小菜品种。其所生产的“小菜一碟”系列产品，在全国各地设立了上万个销售网点，成为老百姓耳熟能详的品牌。

人人都在找商机，但商机就像刻意要跟你捉迷藏一样，总是让人找不到。所以，如果想要找到商机，就应该把它当作有明确目标的活动的副产品来看待，最后就会发现商机总是“踏破铁鞋无觅处，得来全不费工夫”。商机是可遇而不可求的，是永不重复的偶然，这就需要我们多用心去留意身边的每一件小事、每一次偶然。

在金钱遍地的时代，赚钱要从何处着手呢？可以说机会无时不在，无处不在。但如果想知道掌握机会的简便方法，不妨关注以下几个方面。

1. 从“低科技”中把握机会

随着科技的发展，开发高科技领域是时下热门的课题，但是高科技产品投入大、见效慢，关键是技术门槛高，不适合小本创业者。而在低科技领域，却有小本创业者的机会，比如在快餐、快递、饰品、美容美发、便利连锁这些所谓的“低科技领域”，其实有很多机会，关键在于发现和开发。

2. 集中盯住某些顾客的需要

机会不能从全部顾客身上去找，因为共同需要很容易被发现，基本上已很难再找到突破口。实际上，每个人的需求都是有差异的。如果我们时常关注特殊人员的日常生活和工作，就会从中发现某些机会。因此，在寻找机会时应习惯把顾客分类，如政府职员、菜农、大学讲师、杂志编辑、小学生、单身女性、退休职工等，认真研究各类人员的需求特点，机会自现。

3. 追求“负面”就会找到机会

所谓追求“负面”，就是着眼于那些大家“苦恼的事”和“困扰的事”。因为是苦恼，是困扰，人们总是迫切希望解决。如果你能提供解决的办法，实际上就是找到了机会。例如双职工家庭没有时间照顾小孩，于是有了家庭托儿所，没有时间买菜，就产生了送菜公司。这些都是从“负面”寻找机会的例子。此外，家教、幼儿园、家政服务等也已经成为热门行业。

不论任何时候，商品供大于求就会贬值，经营者就会赔本，这条真理永远都不会变。相反，只要能满足个性需求，找到了人们真正需求的商品，与众不同，由适应有限需求变为制造无限需求，这样的路就会越走越宽。不与别人争抢，自然能独享财富。

第七堂课

是模仿还是创新

创业成功的终南捷径是什么？一般有两种方法：一是创新，二是模仿。第二种方法明显比第一种要轻松许多，而且往往更容易创业成功。模仿和创新，两者其实并不矛盾。没有模仿，很难进行创新；不懂得模仿，也肯定不懂得创新！但是一味模仿之人，在当今潮流之中始终是走不远的。企业创立初期，由于缺乏资源，通过模仿可以快速定位，渡过资源匮乏阶段。但是在模仿的同时，创业者还应结合实际，通过积极创新实现突破，创造和形成自己的竞争优势。之所以说创业中模仿与创新不可分割，就是因为在创业初期需要的是模仿，但是过了这个时期后如果还是在不加创新的基础上继续模仿，就很可能会在与众多成功同行的竞争中夭折。因此，创新与模仿相辅相成、共同作用，才能创业成功。

一、不妨先从模仿开始

人生下来就有模仿的天性。比如你刚刚上学的时候，老师教你学写作文，开始时就是从模仿做起。由此可知，模仿在人们的生活中是相当重要的活动，模仿是人们学习和获得技能的重要手段和途径。

既然如此，在创业的初始阶段，在你刚刚试图迈出创业第一步的时候，你也许就像刚上学的小学生，很多事情都不会做，很多事都无从做起。那么，怎么办呢？不妨先从模仿开始，在模仿中迈出你成功创业的第一步。

拿中国汽车业来说，模仿是自主品牌现阶段尚在经历的阶段。过去，韩国和日本的汽车工业在发展初期，也都经历过相当长的一段时间，去学习欧美发达国家汽车工业的成功之道。国产的比亚迪 F3，就是通过模仿丰田汽车公司的花冠获得了成功。花冠是世界上极为畅销的一款车型，比亚迪刚进入汽车市场时就模仿花冠，吸引了人们的眼光，获得了知名度，也打开了市场。截至 2015 年 9 月，比亚迪 F3 的总销量超过了 160 多万辆。我们的很多自主车都模仿外国汽车的样式，为什么呢？主要是成本压力。例如，奔驰 S600 的侧面轮廓很漂亮，如果要冲压线条如此复杂的侧围，成本可能高达上亿元。自主品牌做一台车，项目成本累计在 3 亿 ~4 亿元左右，用 30% 的成本去做一个侧围，成本允许吗？自主品牌还不成熟，开发的车型主要面向国内市场，每年销售 10 万台就很不错了。而合资品牌面对的是全球市场，单一车型的年销量可能高达 100 万台。销量的巨大差距就意味着每台车摊销的研发成本有巨大差别。在年销量动辄相差 10 倍的情况下，刚刚起步的自主品牌怎么去做原创？所以，自主品牌汽车在起步阶段主要是模仿国外汽车的设计，但在自己有了规模和技术之后，也有很多自主品牌汽车开始了创新之路。

说到中国的互联网，几乎都是从模仿开始的，电子商务是模仿 eBay 和亚马逊的，搜索引擎是模仿 Yahoo 和 Google 的，在线广告从按钮、横幅到擎天柱、页中栏、弹出窗口、飘浮、背投式广告都是模仿国外的。而模仿ICQ和MSN出身的QQ现在可比前两者风光多了。

谁更出色，就要向谁学习。或许你不是这个技术的先行者，但你可以做它的追随者，如果你在追随的过程有更好的办法来竞争，你就能超越它，到时那些先行者倒要反过来向当初的追随者学习。

360公司董事长周鸿祎说过："如果有同学坚持毕业后创业，我有一个建议——不妨加入一些创业团队。因为在刚开始创业的时候，很多人会没有方向感，因此倒不如跟着一个团队走，这样无论如何都还是可以学到东西的。就比如说我有一个朋友，在Google只有十几人的时候他没有去，但后来还是选择去了。"

经验丰富的司机一般都知道，如果突降暴雨，行车道被淹没，由于不知深浅，最好的办法就是紧跟着前面的那辆车走，一是它在前面能起到探路的作用，二是当前面的车驶过去的时候，水会形成分流，跟在它后面，相对来讲水位变低了，自己的车阻也会降低，这样自身就能安全地通过。

跟着强者走，很多人称之为"老二策略"。做"老大"的态度是：不要做错事，不要犯错误，那就对了。做"老二"的态度却是：做对事情，找寻新方法，比别人更努力。上岛咖啡经理谈起成功之道时说："没别的诀窍，紧咬住星巴克不放，你上山我跟着上山，你下海我也跟着下海。市场你吃五六分，我就吃个一二分。"

对于小本创业者来说，最好是跟随一个市场强者去寻求发展机会，跟在他的后面，并保持安全距离。他做什么，你就跟着做什么，同样会有"雨中行车"的效应。通过尾随老大成功的企业很多，比如永和豆浆专门跟在大超市或麦当劳、肯德基的后面，人家在哪儿开店，他就跑到哪儿开店，省却了需要花费不少物力和财力才能做的市场前景调查工作。

日本索尼公司曾向外界公布了一个"秘密"，带给我们很多启示。过去，索尼在研发上投入很大，但往往只开花不结果，花了九牛二虎之力将新产品推出之后，别的公司却总是已经掌握了相关技术，于是索尼公司就成了冤大头，为他人做嫁裳。为此，索尼公司改变了策略，紧跟市场，待别人推出新产品并打开市场后，索尼马上研究其不足，通过进一步的技术创新，开发并迅速推出其第二代产品，在性能、价格、设计等方面都优于对方的第一代，结果取得了“青出于蓝而胜于蓝”的技术创新和市场竞争效果。索尼也因此大获其利，迅速壮大起来。

轮子是人类最早发明的东西之一，也是世界上最重要的发明之一。西方有一句著名谚语叫“你不需要重新发明轮子”，意即对已经被发明出来而且被证明确实有效的东西，人们就没有必要再从头摸索。只要适合我们，我们就可以大胆地奉行“拿来主义”，进行快速地移植和本地化改造，为我所用。

二、“一招鲜”不见得“吃遍天”

“一招鲜，吃遍天”是很多商界人士的信条，也确实有不少这样的成功案例。然而，在风起云涌的当今社会，时代迅速发展，变化无时不在，仅仅依靠“一招鲜”已经不能吃遍天了。要想求得长远的生存，就要始终如一地保持与众不同的追求。否则，你所掌握的这一招迟早会被别人模仿、抄袭，甚至最终超越。创业者要想把自己的企业做大做强，就不能固守一种经营手法和营销方式，而要时时出新招、处处有新招，始终保持自己的经营特色，才能维持异常火爆的经营局面。

徐汉钊大学毕业后不想打工，就自己开始做一些小买卖。到 2013 年，他拿出自己的 8 万元积蓄，又借了 20 万元，在村里建了一家制革厂。一开始，他做的是很多人都在做的牛皮生意。后来，他发现竞争者太多，挣不到钱，就动起了心思，转行做猪皮生意。当周边做牛皮生意的制革行业陷入低谷、很多小企业倒闭、行业不景气时，徐汉钊凭借“反其道而行”的经营策略，反而在 2014 年盈利 60 多万元。

2015 年，徐汉钊到香港参展，又发现一个新情况：展会上展出的大多是牛皮、猪皮制品，而美、英、德等发达国家企业展出的却是皮草制品。这又给他的经营提了一个醒。从香港回来后，徐汉钊宣布：“停止猪皮生产，上皮草生产线。”2015 年冬天，皮草十分流行，徐汉钊因此又大赚了一笔。

社会环境每天都在变化，特别是在当今这个时代，变化节奏有逐渐加快的趋势。能够跟上这种变化节奏的人，才能在这个社会生存，才能在激烈的竞争中胜出，如果一个人总是停步不前，那么他可能很快就会被这个社会所淘汰。创新才会有出路，不创新就有可能走入死胡同。只凭“一招鲜”便能吃遍天下的时代已经一去不复返了，如果还打着这样的算盘，想要一招吃到老，那么他的如意算盘很可能会落空。做生意要学会时刻保持创新，要根据周围环境和自身条件，时刻使出一些出其不意的新招、妙招，才能收到“神奇”的经营效果。

世界上没有一成不变的赢利模式。不管什么经营模式，以前也许很赚钱，也许曾经成功过，但死守经营模式只会自缚手脚，脱离现实，直至把生意做死。市场中的这类例子数不胜数。

专家预言，伴随着知识经济时代的来临，世界财富将有一次大的转移，即从物质资源拥有者手中转移到知识、智能资源拥有者手中，特别是新知识和高智能资源拥有者手中。这提醒我们，21 世纪的创业者首先必须是智者。对于大学生来说，在创业的奋斗过程中，只有不断地开动脑筋，解放思想，善于捕捉创意，勇于开拓创新，才能获得广阔的发展空间。也许有朋友认为，创造性思维不容易养成。但是，下列几则实例能够让你相信：创造性思维源于生活，始于细末。要记住：机遇偏爱有准备的头脑；要创业成功，必须学会开发新思维。

1. 灵感思维

在广州打工的四川绵阳人王通深知打工族的思乡情结。有一年，他回乡过年之前，特地找到不能够回老家过春节的同乡打工仔、打工妹，把他们的生活、工作情况用录像机拍下来，同时还录下他们对家乡父老的祝福。王通将这些照片和录音带回家乡，送给他们的亲人，并向不能回家的同乡收取一定的费用。结果，除去路费外，王通还赚了 600 多元。

赚钱的灵感来自悟性，来自经验。有了灵感，逮住机会，还得有胆量立即着手运作。如果该出手时不出手，财运便与你“拜拜”了。

2. 发散思维

在我国，玩具一直是为小孩生产的。上海的一家玩具厂经过调研，转而生产老年人玩具。近些年来，随着人们生活水平的提高，上海成了长寿城，男性平均寿命为80.83岁，女性平均寿命为85.61岁．截至2015年，上海户籍60岁及以上老年人共计435.95万人，超过全市户籍人口的30%。我国一直提倡“老有所学”“老有所为”，那么能不能根据老年人的特色再开发一下“老有所玩”呢？于是，他们打破常规，大胆开发了老年玩具产品，其中包括“小淘气”“小精灵”“老来娇”“老顽童”等，一经投入市场，就受到了老人们的欢迎，给老人们带来了返老还童的乐趣，企业的经济效益大大提高。

思路就是财富。每一个项目都可以采取“先发散，后集中”的办法进行思考。在这里，玩具厂打破了人们惯有的思维定势，即“玩具只能供小孩玩，老人是不会玩玩具的”。这说明，通过发散思维，打破旧的框框，就能找到创业的“钱途”。

3. 跳跃式思维

在广州的大街小巷，有不少瞄准年轻人（尤其是女孩子）的时尚饰品店，销售首饰、化妆品、小摆设、衣饰配件、小礼品等零零碎碎的时髦货品。潮流追不尽、赶不完，这就为新时尚物品店提供了源源不断的货物和客户，也就是利润所在。踏着时尚的节拍赚钱，是对跳跃式思维的生动运用。跳跃是为了超前，超前则是创造性思维之母。

4. 组合思维

据报道，天津某厂将绞股蓝与白酒组合在一起，开发出了新产品——绞股蓝白酒，出了奇、出了新，将酒多伤身与健康长寿组合在一种商品上，并达成了对立统一，使其成为深受消费者欢迎的畅销产品。

这就是组合思维的生动运用。组合思维即通过对事物若干要素的重新组合，产生新的事物或创意。诸如“鸳鸯火锅”，其中的红汤和清汤虽然只是一种简单的组合，却照顾到了能吃辣和不能吃辣的两种人群，是一个极具市场潜力的创意。

5. 逆向思维

美国某公司董事长布希莱在一次散步时，偶然看到几个小孩在玩一只丑陋的昆虫，爱不释手，便来了灵感：眼下玩具商们都在“美”上做文章，市场上销售的儿童玩具都是美丽好看的乖巧玩具，何不逆“常”求“反”，生产一些与传统玩具背道而驰的“丑陋玩具”呢？于是，他亲自组织人力、物力，很快研制生产了一套“丑陋玩具”，投放市场后很是畅销。

这是逆向思维的生动运用。逆向思维即与传统的、逻辑的或群体的思维方向相反的一种思维。很多精彩的点子就是运用逆向思维而获得的成果。

因此，要想在竞争激烈的市场上创业成功，就必须善于开发新思维，多想、巧想、妙想，“想”出一条条新财路……

在这个瞬息万变的时代，“一招鲜，吃遍天”这种调子已经有点落伍了。要想立于不败之地，不妨把这句老话倒过来看，那就是始终默记着“天外有天”的准则，在不断地求新、求变中完善自我。先去“吃遍天”，尝尽人生百味，才能调和出属于自己的那“一招鲜”来。

三、开动脑筋，另辟蹊径

很多人之所以创业不成功，是因为他一开始就顺着别人的思路想，他们首先想到的是“别人是怎么做的”，而不是“我应该有什么突破”。所以，他们最后的行动不过是跟在别人屁股后面走，最多是在别人的道路上做一点延伸。

而成功创业者恰好相反，他们在看到别人做了什么的时候，更看到了别人没有做什么。别人走过的路，他们不屑于去走。

有一个人在吃烧烤时突发奇想：怎么烧烤店都没有烤鸡蛋呢？鱼、肉、菜都可以烤，鸡蛋也应该可以烤，要不我试试吧！最后，他靠烤鸡蛋发了家。这个人叫吴胜营，是山东淄博博山区的一个农民。

可是，鸡蛋怎么烤呢？2003年10月，吴胜营在土炉子里开始试验。由于温度不好掌握，鸡蛋总是烤爆。于是，他又给鸡蛋裹上了泥，可还是爆。后来，吴胜营花300元钱买了一台旧烤箱，经过上百次的试验，终于成功烤出了不爆的鸡蛋。他找到了烤鸡蛋的窍门，掌握了时间与温度的配比、鸡蛋与调料的配比和多样化味道的调制。如此烤出的鸡蛋，不仅色泽金黄、蛋清筋道、蛋黄松软，还软中带脆、久吃不腻。这种烤鸡蛋最好是即食，相当好吃，而且任意切制也不破不碎，柔韧带香，如需配菜，煎、炸、炒、涮均美味可口，彻底打破了鸡蛋吃法单调、口味老套的传统。

吴胜营为把市场做大，打起了饭店的主意，自己先用烤鸡蛋试着做了6道菜，又印制了菜谱。然后联系饭店，亲自到厨房照着菜谱做，结果顾客吃了都挺满意。就这样，他用2个月的时间找了五六十家饭店，一天能卖3000多个烤鸡蛋。饭店市场打开以后，吴胜营紧接着改进了烤鸡蛋的包装，注册了商标。

成功是有捷径的，对于想致富的大学生来说，必须找到属于自己的财富之路，懂得如何用与众不同的方式来为自己赢取更多的机会。

你或许设计不出世界上最好看的衣服，但你有可能设计出世界上最好看的动物衣服；

你的餐馆或许不是世界上最好的餐馆，但你的餐馆有可能是世界上最好的盲人餐馆；

你的酒吧或许不是世界上最好的酒吧，但你的酒吧有可能是世界上最好的情侣酒吧。

……

这就是与众不同。

世界上没有两片相同的树叶，也就没有两次相同的创业。可以想象一下，如果世界上的作家们写的东西都是同样的体裁，同样的手法，同样的故事情节，那该是一件多么无趣的事；如果世界上的画家画的画都是一个样子，那我们的世界要缺少多少色彩啊。文艺界、艺术界成功的标准就是与众不同，只有这样才能充分体现出一个人的价值。作为创业者也一样，如果只追求常规，根据别人的思维走，只会使自己淹没在大众之中。只有与众不同，想出不同的创意，实行不同的经营手段，才有可能获得与别人不同的收益。

我怎样在竞争中做到与众不同？

怎样设计一个与众不同的产品？

怎样提供一个与众不同的价格结构？

怎样建立一个与众不同的服务？

怎样实施一个与众不同的营销手段？

怎样落实一个与众不同的人事政策？

怎样建立一个与众不同的战略？

怎样确定一个与众不同的销售对象？

……

如果你盲目“克隆”别人成功的点子，他经营什么，你也经营什么，没有自己的特色，赚钱就很难。反过来，如果你善于分析，另辟蹊径，借助成功企业的旺盛人气，又不与它直接竞争，那么你离成功就不远了。

对于在激烈竞争中创业的大学生来说，通过精巧构思推出的新招数、新想法，不仅可以使自己的创业之路展开一线生机，还可以在短时间内见到利润。“新”，通常意味着创业竞争压力的减轻，创业空间的拓展。事实证明，很多创业者在创业初期时都巧妙地运用了这一方法，从而使自己先站住了脚。

从自己身边寻找，从自己的特长寻找，出“新”并不难，但寻找新招数、新想法却也不是人人都可以做到的。对于创业企业，新招数、新构思乃至新产品的开发，需要的是巧劲，而不是蛮力。

江西信丰瓜农刘新女种植了 4 亩西瓜，当西瓜长到八成熟时，她将写有“吉祥如意”“生日快乐”等词语的纸剪成空心字贴在西瓜上。通过阳光的照射作用，几天后，西瓜上便“长”出清晰的文字来。可想而知，“长”字的西瓜吸引了一批瓜商前来抢购。刘新女将创意巧妙地运用到农副产品生产上，她的西瓜由此销路大开，而且还卖出了好价钱。

创意使普通的西瓜变成“长”字的西瓜，让消费者在买瓜的同时得到了一份精神上的满足，这便是创意赋予产品的独特魅力。

眼下，不少企业抱怨市场竞争激烈，产品在市场上难以打开销路，这和有的企业经营者缺乏产品创意有关。要知道，几十年一副“老面孔”和毫无创意的产品难以引起消费者的兴趣，更难以拓展市场。看看下面这几个创新之举吧！

1. 变色毛巾

上海某毛巾厂生产的“变色毛巾”在市场上销路很广。这种毛巾的表面图案是猪八戒背媳妇，但毛巾一浸到水里，小媳妇却变成了孙悟空，毛巾一离开水，孙悟空又变成了小媳妇。由于“变色毛巾”迎合了人们求新好奇的消费心理，从而在竞争激烈的毛巾市场上一枝独秀，其销量比普通毛巾高出5倍。

2. 胡萝卜馒头

有家个体饭店老板几十年来一直销售清一色的白面馒头，但始终销路平平。后来，他灵机一动，买来本地特产的胡萝卜，切碎、煮熟后将红萝卜汁掺入面粉中，推出了胡萝卜馒头。由于这种馒头很有特色，而且品尝起来还有一种特殊的香味，昔日冷冷清清的小店开始顾客盈门。

3. 石壳手表

瑞士有家制表商别出心裁地用石头做表壳。由于石料的纹理各不相同，所以不可能生产出两块完全一样的手表，满足了西方人贪求稀奇古怪的心理，很快博得青睐。尽管每只石壳手表的售价高达200美元，但产品仍供不应求。

4. 怀旧解放鞋

解放鞋曾经风靡全国，但随着人们生活质量的提高，款式老旧的解放鞋越来越不受关注。但是，江苏省盐城市的一家镇办胶鞋厂经过调研，发现全国各地修建水利工程的民工们对质量优良、价格实惠的解放鞋的需求量很大。于是，他们重新开始生产已经停产几年、市场冷僻的解放鞋。没想到，订货者纷至沓来，使这个已经数年处于不景气状态的企业又焕发了勃勃生机。

面对市场，创业者不能因循守旧，一定要有新想法、新思路。在一条路上，走在最前面的，始终只有一个人。所以如果你想模仿别人的方式来取得成功，那么一定不要只是一味地重复，而要在前人的基础上有所创新。否则，新开创的事业就可能面临夭折。

四、从微小的地方开始创新

同济大学经济与管理学院副院长朱岩梅认为："从工业史的发展来看，绝大多数创新都不是突破性的，而是渐进性的。所谓'微创新'，其重要的意义在于告诉大众，创新在大多数情况下并非突破性的、革命性的，创新的本质就是渐进性的、累积性的。"

对于"微创新"的特点，朱岩梅教授强调："第一，企业需要关注用户的细小需求，并不断地加以改进并予以满足，正是这种企业与用户之间的互动使得各种创新不断涌现出来；第二，不断试错。你在满足用户需求的过程中，不可能一次成功，总是在不断试错的过程中进行方案的修正，最终达到预期的效果。"

创新可以从微小的地方开始，从一点一滴入手，从量变到质变。以微小创新来降低成本，推进技术进步，带来新机会，达到意想不到的成功。

有一家企业从微创新的角度出发，设计出了一种可以吃的“象棋子”。中国人下象棋，所谓“吃”掉对方的棋子，一般只是把对方的棋子从棋盘上拿下来，并没有真正“吃”进自己的肚子里。而这种象棋子是用饴糖做的，当把对方的棋子“吃”掉的时候，就真的可以把它放在嘴里吃掉。饴糖本是很一般的产品，但将其设计成“象棋子”，并附上一张棋盘纸之后，这个产品一下子便畅销起来。

千百年来，饴糖就是饴糖，象棋子就是象棋子，二者毫不相干。然而，用饴糖做原料，就把原来不能吃的象棋子变成了又甜又香的象棋子。这里采用的就是A加B等于AB的嫁接法。买这个产品的常常是一些组织职工旅游的单位，休息时每两人发一袋。下棋时，“吃”掉对方的棋子就变成了假戏真唱，真的可以把被“吃”掉的棋子放到嘴里吃掉，使人兴趣大增。这样不仅能享受饴糖的香甜，更能享受到“吃”掉对方的快乐。

总是有人抱怨手中的资源太少，无法做成大事。而一流的人才根本不看资源的多少，而是凡事都讲思维的运用。只要有了创造性思维，即使资源少一些，又有什么关系呢?

每一件事情都是一个资源整合的过程，不要指望别人将所需资源全部准备妥当，只等你来“拼装”；也不要指望你所处的环境多么尽如人意，任何事情都需要你开启自己的智慧，改变自己的思维，积极地去寻找资源，没有资源时还要努力创造资源。只有这样，才能踏上成功之路。

1981年，德国的一位生意人忽然萌发了创造方形鸡蛋的念头。人人都知道鸡蛋是椭圆的，但为什么不改变它的形状，给人们一个惊喜呢？于是，他开始了试验，最后终于寻找到了一条途径：将鸡蛋煮熟后放进冰箱冻起来，然后用一种特制的机器再给它做造型，蛋便成了方的。他还不罢手，又在方形蛋上点上点儿，成为麻将桌上的骰子。这种方蛋骰子一上市，人们争相购买，只为博得一笑。

这位商人捕捉到了人们的一个思维定势：蛋是椭圆的，然后改造了蛋。他在蛋的思维定势上寻求突破，是一种创造，亦是天才之举。

一切的成就，一切的财富，或许都源于一个独特的创意。在具体的创业过程中，大学生该如何进行创新，如何运用自己的思维呢？

1. 向现存的规则挑战

创新中的“创”字，原本就是破坏、推毁的意思，而“新”字则是对“旧”的反叛和挑战。因此，从词义学角度来理解，“创新”就是推陈出新。

市场上曾流行过一种“乞丐包”，生产这种“不守规则”皮包的厂家是北京某皮件厂。该厂在制作皮衣的过程中剩下许多下脚料，这些碎皮子长期以来是当作废品便宜卖掉的。有一天，厂长突发奇想：“把这些大小不同、颜色各异的碎皮子拼接起来，稍加美化设计，不就成了一种别具匠心的皮包了吗？”

拼接包样品出来后，工人们开玩笑说：“这不是叫花子讨饭用的包吗？”厂长一听，开始有点不高兴，继而灵机一动，干脆一不做二不休，将这种拼接包取名为“乞丐包”。

这正中追求个性的年轻人下怀。于是，穿“破而不烂”的牛仔裤配可怜巴巴的“乞丐包”，成了前卫青年的一种时髦打扮，也成了城镇生活的一道奇异风景。

只有敢于打破常规、敢于创新的人，才能开辟出一条别人不曾走过的路，看到别人看不到的风景。

创新是世界上最伟大的活动。要想有所成就，就必须学会创新，另辟蹊径，不要往一条路上拼命地挤，否则最后挤死的会是你自己。

2. 不要为了创新而创新

为了创新而创新，注定是要失败的。进行创新战略，一定要立足于消费者的需求，以期最大限度地获得顾客的理解和认同。

有的专利产品在市场上确实有立足之地，但立足之地到底有多大才是创业者更要关心的问题。比如，在遮阳帽上安装一个电风扇，这个想法本身很不错，也有人会买，但在很多地方只能销售若干天，之后便没有人问了。从这个极其简单的例子来看，有一些产品理论上确实有一定的立足之地，但从商业角度来看却根本不能划入产品之列，因为它不能形成最小利润支持的市场。

有人在日记本上设计了一把锁，防止别人偷看，其实并不能起到“一夫当关，万夫莫开”的效果。原因是装在日记本上的锁特别小，一旦有人发现了这个本子而且非要偷看，要想把它撬开是很简单的。实际上，日记本常常被人们放在自己认为最隐秘的地方，一般较难被人发现。这本身就能起到很好的保密作用。所以，到底应该开发什么，关键要看创业者在创新过程中的综合运用能力。

3. 训练自己的创意思维

一位打工仔发现，卖给酒楼的螃蟹总是被特制的绳子捆绑起来。他很清楚，那种绳子其实是一种长在海边的天然水草，没想到居然可以卖钱。瞅准这个致富机会后，他辞了职，干起了收集并销售水草的生意。没多久，他扩大了规模，创办了水草公司，竟然日进斗金，赚了个盆满钵满。

我们周围有很多人，但往往可以分为两种类型：一种人不加分析地接受现在的知识和观念，思想僵化，墨守成规，安于现状，这种人既无生活热情，更无创新意识；另一种人思想活跃，不受陈旧的传统观念的束缚，注意观察、研究新事物，不满足于现状，常常给自己提出疑难问题，勤于思考，积极探索，敢于创新。创业者应该学习后一种人，培养和锻炼自己的创造性思维，从而以新制胜。

要培养自己的创意思维，不妨从以下几个方面做起：

- 保持好奇心；
- 培养自己的想象力；
- 对同一个问题给出多个答案；
- 对自己的想法和灵感随时记录并整理；
- 试着从不同的角度回答问题；
- 超越自身思维的局限；
- 善于倾听，并吸收别人的意见。

第八堂课

是薄利还是厚利

赚大钱是许多人的梦想。但大多数人终其一生却难以梦想成真。这是什么原因呢？是因为他们赚钱之心太急切，小钱不想赚，大钱挣不来。曾有位百万富翁说过：“小钱是大钱的祖宗。”任何一家日进斗金的公司，都是从辛辛苦苦赚到第一块钱开始的。一生二，二生三，三生万物。你只有真的赚到了 1 元钱，才有可能赚到 2 元、3 元，最终赚到上万元甚至百万元。对于创业者来说，与其幻想怎样赚大钱，倒不如收收心，先考虑眼前怎样赚小钱。

一、生意是从小的地方开始的

创业起步的小公司往往缺钱、缺人、缺资源，可以说是要啥缺啥。创业要解决的难题是从 0 到 1，从无到有，从脑子里的 idea 变成一个产品，从无人信服你到有第一个客户掏钱给你。所以，刚起步的创业者不必整天想将来会上市，赚几十个亿、上百个亿，而要首先证明你能从 0 到 1。小事做不成，就别想做成大事……从 0 到 1 叫创业，从 1 到 100 叫成长。对于绝大多数人来说，生意不是从大的地方开始的，而是从小的地方开始的。

席文兴大学毕业后，一直没找到如意的工作。他的爸爸问他："你想从事什么样的工作?"他说："赚钱多，最好还能轻松点的就行了。"他还跟爸爸谈起了几个可能的创业模式。他的爸爸见他有想法，就鼓励并建议他扎扎实实地干下去。可席文兴高不成，低不就，过了一年多，依旧在求职途中。

眼下，很多和席文兴一样的年轻人，大学毕业、初入社会后往往激情满怀，虎虎有生气，下定决心，非大事不干。殊不知，大事与小事并无明显的鸿沟。把小事扎扎实实做好了，不知不觉就成了大事。微薄的利润源源不断地积累，不知不觉就变成了大财富。如果你能抓住身边的小钱，不让赚钱的机会从身边溜走，终有一天，你的小财富就会滚成大财富。

如果真的想创业成功，就必须从小生意做起。如果看上去不可行，那是因为你还没有做到位！先挣小钱，再挣大钱，"大"最终由"小"而来。做人，我们笃信"勿以善小而不为"，经商，应切记"勿以利小而不取"。这不仅是成功之道，也是时代趋势。

2002 年，学了 10 年手艺的陈庆松从安徽农村老家只身一人来到绍兴，在东街市场边开了一家汤包店。因为他做的汤包皮薄、有韧劲、汤水足，一时间让绍兴人抢着购买。那段时间，陈庆松一天要用 400 多斤面粉做 7000 多个包子，一天的利润少说也要七八百元。一年的时间里，陈庆松就赚了 30 多万元。陈庆松与两个小工每天从凌晨 1 点忙到下午 6 点，一天只休息 5 个小时。筋疲力尽的他甚至想："顾客最好不要再来了！每个人少买一点儿，我做得太累了。"但她的生意却越做越好。后来，陈庆松从家乡带了 100 多人出来做帮手，陆续开了 100 多家包子铺。5 年时间过去了，毫不起眼的汤包小生意为他带来了 500 多万元的收入，比很多开大酒楼、大饭店的老板赚得还多。

有的人“大钱赚不到，小钱不愿赚”，结果总是愁钱用。事实上，赚小钱是赚大钱的必要步骤：在赚小钱的过程中，可以增加经验、见识、阅历，培养金钱意识和赚钱能力，同时积累人情关系。

20世纪90年代，在辽宁锦县，有一个“破烂厂长”叫张春祥。人们之所以叫他“破烂厂长”，是因为他专上“破烂项目”。张春祥所在的工厂本来以生产塑料膜为主，但经营困难，被迫转产。张春祥于是接手了工厂的经营。这时，有人建议张春祥上大的，干“洋”的。但是，张春祥上项目很理智，不与大厂争原料、争市场。他认为，工厂现在的人马刀枪还没到与强者抗衡的条件。所以，他选择了生产擦机布这个“破烂项目”。

擦机布是大企业看不上，一般企业又不愿干的项目。但这个项目原料充足，市场广阔，投资少，收益好。于是他便投资了几千元钱，生产起了擦机布。很多大企业都需要擦机布，而且擦机布属于易消耗品，所以产品比较好销，当年就获利7万元。尝到了甜头后，他们又接二连三地干起了扎扫帚、做拖布、薄铁加工等很多不起眼的小活儿，结果企业效益越来越好。

“破烂厂长”知道“志存高远”的道理，有市场的产品，再小也是大买卖，没有市场的产品，再大也是小生意。他走的就是从小做起、以小见大的经营之路。

有人对小生意有抵触心理，觉得这是对自己的屈才，但如果你真的有能力，小生意也能做大，更能做强。现实生活中，有一部分人创业时眼高手低，好高骛远，对做小生意不屑一顾，只想做大生意，最后一事无成，甚至赔得倾家荡产，无法生活。其实，小生意投资少，风险也小，但见效快，虽然得到的是薄利，但薄利多销，积少成多，照样能赚到很多的钱。生意不在大小，只在最终赚得的利润。眼高手低，大事做不了，小事不屑做，要想致富就根本不可能。不要嫌赚钱太少，集腋成裘，聚沙成塔，能挣一分是一分。小生意，大市场，只要市场做大了，几厘的利润照样能致富。

二、先做小事，先赚小钱

人人都想赚大钱，但出发点却不一样。很多富人懂得积少成多、以小博大的道理，他们不会寄希望于一夜暴富。世界上许多富翁都是从小商小贩做起的。只有扎扎实实地从赚小钱做起，有朝一日才能赚大钱。

深圳有两个姑娘，在深圳、广州等地的大超市门口租张桌子，然后卖红酒。这些红酒都是批发过来的，一瓶的批发价仅为6～9元。租桌子很便宜，一般月租金是3000元，然后雇上一个小姑娘，打出的旗号是在超市消费满50元，可以凭购物小票领取红酒一瓶。她们宣称红酒原价是98元一瓶，凭小票则只收29元一瓶，也就是利用了人们占小便宜的心理。就凭这样的小生意，她们两个人一天能够纯赚几千元，过节的时候一天就是几万元的利润。很多企业老板感觉这个酒太便宜了，于是采购好几十箱回去给员工发福利。

先做小事、先赚小钱，这样做有什么好处呢？最大的好处是可以在低风险的情况之下累积工作经验，同时也可借此了解自己的实际能力。既然做小事得心应手，那么就可做大一点的事，既然赚小钱没问题，那么赚大钱就不会太难。何况，小钱赚久了，也可累积成大钱。此外，还可培养自己踏实的做事态度和健康的财富观念，这对日后“做大事，赚大钱”以及一生都有莫大的助益。

廖建勇是一名刚毕业的大学生，两次失败的求职经历让他心灰意冷。廖建勇没有找到满意的工作，便有了自己创业的想法。正当他苦于没有合适的项目之时，在买午餐时遇到了一位卖汉堡包的老板。经过与该老板聊天，廖建勇有了开汉堡包店的想法。于是，在多方准备之后，小小的汉堡包店就诞生了。廖建勇的小店开在一所大学附近。由于在郊区，学校附近并不是很繁华，吃饭的地方也不多，所以廖建勇的汉堡包店虽小，光顾的人还真不少，主要是学校里的大学生和周围小区的一些居民。别看是小本生意，可廖建勇开店半年，却已经将投入的资金全部收回，而且还积累了很多开店的经验。

大学生创业失败的例子很多，原因大都是眼高手低，并且还存在着不切实际的暴富心理。所以很多人刚刚创业，很快就尝到了失败的滋味，甚至于从此一蹶不振。

与其这样，还不如像廖建勇一样先从身边的小事做起，先从熟悉的环境做起。这对于积累社会经验、管理经验都是有好处的。很多成功的大企业家也都是从街头小摊一步步做起来的。

千万别一厢情愿地认为你是个“做大事，赚大钱”的人，而不屑去“做小事，赚小钱”。你要知道，连小事也做不好，连小钱也不愿意赚或赚不来的人，别人是不会相信你能做大事、赚大钱的。如果你抱着只想“做大事，赚大钱”心态做生意，失败的可能性很高。

两个渔夫听说海螺在市场上特别抢手，于是一大早就出去捡海螺。年轻的渔夫心想：“我眼睛好使，腿脚又利落，比起那个老渔夫来，我的收获肯定要多得多，而且我一定要挑选那些又大又好的海螺。”

一老一少两个渔夫开始捡海螺。老渔夫只要看见海螺就如获至宝地捡起来，年轻人却总是撇撇嘴，暗自说：“这么小的他也要，弯一次腰多不划算！”

不一会儿，老人的袋子里就装满一小半了，而年轻人的袋子还是瘪瘪的。年轻人还是不屑一顾地说：“那有什么！我走得快，而且眼睛尖。只要我发现一处海螺多的地方，我弯一次腰就能捡得更多。”

年轻渔夫就这样走了大半天，始终没有发现海螺又多又大的地方。他的袋子里还是只有几颗海螺，那还是他实在不情愿，弯了几次腰才得到的收获，而老人的袋子已经胀鼓鼓的了。

夜幕来临！两个人在一同回家的路上，遇见了另一个渔夫。这个渔夫问道：“那个地方的海螺多吗？”

老渔夫乐呵呵地回答说：“多啊！很多啊！你看我一天捡了这么多呢！”

年轻渔夫的声音同时也夹杂在里面：“哪儿有什么海螺啊！一块地方只有零星的几颗，不值得捡！”

为什么在同一个地方、同一个时间，两个人的收获却有如此大的不同，最后得出的结论也如此悬殊呢？老人在这一天里收获满满，眼尖腿快的年轻人反而收获甚微。由此可见，做大事要先从小事做起，赚大钱先从赚小钱着手。

老渔夫没有像年轻渔夫那样心高气傲，他珍惜每一颗海螺，宁愿为每一颗海螺而折腰。而年轻人非要看见大海螺才出手，可是哪儿有这么多又大又好的海螺供他一个人拣呢？小的不要，零散的不要，又怎么能有丰厚的积累呢？

立下“做大事，赚大钱”的志向，基本上是没错的，因为这个志向可以引领一个人不断向前奋进。但社会上从一开始就能“做大事，赚大钱”的人并不多，而且需要一些特别的条件，比如过人的才智、丰富的阅历或优越的家庭背景、良好的机遇等。因而，如果你一踏入社会就想做大事、赚大钱，就得先问问自己：

- 你的才智如何，自认是“上等”“中等”还是“下等”？
- 别人对你的评价又如何呢？
- 你的家庭背景如何？有没有可能助你一臂之力？
- 对未来的“机遇”，你有多大的信心？

不管你的回答如何，首先要告诉你一个事实：很多大企业家是从伙计做起的，很多政治家是从小职员做起的，很多将军是从小兵做起的。所以，对刚踏入社会的大学生来说，“先做小事，先赚小钱”绝对没错。你不能拿“机运”来赌，因为“机运”是看不到、抓不到、难以预测的！

三、不要想一口就吃成胖子

一个可爱的小孩看着瓶子里五颜六色的糖果，口水都要流下来了。旁边一位慈祥的老人笑着说：“你要是喜欢，可以随便吃，不要客气！”

小孩子伸出小手，抓了满满的一大把，但是瓶口太细，他那被糖果撑满着的小手卡在瓶口了。他仍然不甘心地转动着手臂，但是他舍不得放弃手中的糖果，仍然拔不出手来。他痛得哇哇直叫，大哭起来。老人语重心长地说："孩子，只要你少拿一点，你的手就能出来了，你可以多拿几次，一次少拿一点不就行了吗？"

如果把糖果换成金钱、权势、美色，想必很多人也会像这个小孩子一样难以抗拒甜蜜的诱惑吧！人往往会因为贪婪和欲望而变得愚蠢。

很多创业者就是这样，"心比天高，命比纸薄"，瞪着贪婪的眼睛，纠缠在利益上，到头来却什么都得不到，因为他总想着一次就能大捞一把。出于这个目的，他会把投资做得很大，把摊子铺得很宽，还会在时机尚未成熟的时候扩大规模，而这一切无非就是想把网撒开，捕捞大鱼，希望一夜就能赚足一生享用不尽的财富。这种近乎急功近利的心态和想"一口吃成个胖子"的贪婪，往往让人失去更多，而不是得到更多。

做生意一次不要贪多，要懂得知足。比如，假设你是一个跑业务、做推销、搞发行的生意人，你的产品和服务都很好，而且你也有出色的说服技巧，客户已经有合作的倾向了，但是出于自身实际情况的考虑，他需要的数量有限，一次性能带给你的利润也有限。这个时候，如果你还是不满足，继续游说，希望能做成更大的买卖，但一旦你在言谈中流露出的贪婪引起了对方的反感，他就有可能打消和你合作的念头。更糟糕的是，你可能永远失去这个客户。

对于创业者来说，想法不同，心态不同，做法自然也不同。比如，同样是赚到了10元钱，某些人会拿2元钱做伙食费，拿8元钱投资做生意；另一些人可能会拿5元钱买肉，拿5元钱买酒，一顿就把它吃了；还有的人可能会拿8元钱吃喝，拿2元钱去买彩票。这主要是因为贪心所致。一般来说，真正懂得创业投资的人注重实干，很少有侥幸的心理。聪明的创业者想的是老老实实通过做生意赚钱，普通人想的是通过赌博一夜暴富。这也是聪明人和普通人的区别。

工作中要忍住贪欲，防止冒进，创业中更应如此。创业是一个人一生中的一件大事，如果半途而费，有可能就此沉寂下去。工作中如果因冒进遭到失败，还可以换一份工作，在创业途中遭到失败，有时就是致命打击。所以，要格外重视，不可不慎，有多大劲使多大力，不要贪图大利，不顾实力，小马拉大车，最后落得事事皆空。

创业要有长期的规划，不要一入社会就想赚大钱。赚钱要有长期规划，不要求一时赚大钱，而应先求把根基扎稳。根基稳了，自然会有发展，钱自然就会进来。而扎稳根基不能速成，可以给自己3年、5年甚至10年的时间。时间越长，压力越小，赚起钱来才越轻松。

事实上，一个人真正赚钱的时候大都在40岁以后，只要你仔细观察你周围的有钱人即可明白这个道理。

赚大钱不易，但赚小钱不难。赚小钱也需要能耐，而这正是磨练赚大钱能力的基本功夫。台塑大亨王永庆最早是卖米的，他哪是一开始就有台塑王国?

创业很少有一两年就成功的，大多是长跑。一口吃不成胖子，但胖子却是一口一口吃来的。资源、人脉、经验都是慢慢积累的。赚钱的唯一“捷径”就是没有捷径。老老实实做人，认认真真赚钱，才是创业者最应该做的事情。

世上只有持久的生意，没有持久的暴利。与其求横财，不如细水长流，积少成多。古人常说“生意如牛涎”，即做生意就要像牛一样垂涎三尺，又细又长，拖之不断。只要生意不断，利润少点也没关系，比起一夜暴发又一败涂地不知要好多少倍。所以，老老实实做生意，天天有薄利，长此以往，最终也可以成为商界巨子。

四、盯上富人，钱赚得多

懂点经济学的人都知道，著名的洛伦兹曲线可用于比较和分析一个国家在不同时代或者不同国家在同一时代的财富不平等，即财富不是平均地掌握在人们的手中的，恰恰相反，拥有绝大多数财富的人在总人口中只占一个较小的比例。在一个国家里，有可能80%的财富掌握在20%的人手中，而其余80%的人只占有剩下的20%财富。换句话说：大部分钱掌握在有钱人手里。

赚钱的方式有多种：富人赚穷人的钱；穷人赚穷人的钱；富人赚富

人的钱；穷人赚富人的钱。最常见的是第一种，富人赚穷人的钱，榨取穷人的剩余价值。这也被称为“马太效应”，即穷人越来越穷，富人越来越富。而穷人赚穷人的钱，势必会使绝大多数的穷人越来越穷。富人赚富人的钱，钱只是在富人之间流动，不会流进穷人的口袋里。穷人要想发家致富，最好的方式就是最后一种方式，也是最道义、最便捷的方式：穷人赚富人的钱。

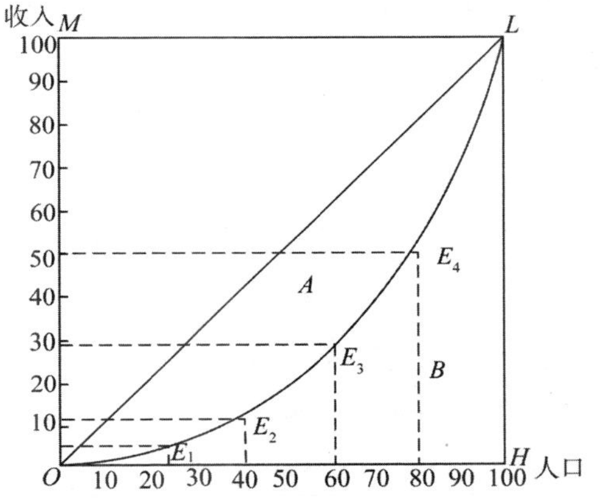

图 8-1　洛伦兹曲线

赚富人的钱，优点就是厚利多销。拿吃饭来说，普通人求的是实惠，而富人吃的是品位。在高档会所，一杯冰水都要 50 元，而普通人一个月可能也用不了 50 元的水。自来水 4 元一吨，50 元一杯，可以装多少杯啊！普通人在乎，但富人不在乎，他们追求的是情调、格调。所以，只要号准了富人的脉，开发出适合他们的产品，即使你能赚百倍、千倍的利润，富人也会去买的。

要想赚富人的钱，你得了解富人的消费心理。要做到这一点，你必须：

- 要有适合富人身份的产品；
- 要有能满足富人心理的产品；
- 要有质量过硬的产品；
- 要有周到的售后服务；

- 不能有忽悠人的心理；
- 要有敢于赚取高额利润的胆识。

现在，很多游客到了杭州，都要尝一尝高档的千岛湖啤酒。但千岛湖啤酒其实原是大路货，工厂在杭州山区淳安县，生产的啤酒主要销往江西、安徽的农村，价格非常低，而且经常被拖欠货款，惨淡经营，每年都有亏损。后来企业改制，但当时也很少有人看好这家啤酒厂。因为中国几乎所有的啤酒厂都建在城市附近，而千岛湖啤酒厂建在山区，仅运输成本这一项就是一个软肋，这几乎注定它只能生产低端啤酒，销往附近农村。

但是，1998 年企业改制后，新任董事长做出了一个惊人决定：千岛湖啤酒要活下来，必须要走高端路线，让城里的有钱人掏钱买我们的酒喝。这个决定在当时惊世骇俗，一个小小的县办工厂怎么可能与城里的大啤酒厂去竞争？但新任董事长自筹资金请上海的啤酒专家改进了生产工艺，又打出了千岛湖啤酒由千岛湖生态好水酿造的口号，一下子抓住了城里人崇尚绿色生态饮料的需求，使千岛湖啤酒获得了大踏步的发展。

赚有钱人的钱，看似简单，其实充满风险，需要用独到的眼光去判断。其中，最为重要的是要找到有钱人的需求。一旦有钱人的需求被你掌握了，你也就摸到了有钱人的钱袋。

在 2006 年《福布斯》财富排行榜中，时任前沿控股集团董事长的陈早春排在第 111 位，拥有的财富为 22 亿元人民币。陈早春说：“我做生意，一直都是和有钱人打交道。”拿他自己的话说，就是赚富人的钱。陈早春分析说：“现在的中国，理论上讲，富人的钱比普通人的钱赚得舒服。因为市场大，中国仅一个上海的有钱人可能比米兰都多。”陈早春又说，“但是，赚富人的钱是有门槛的。这个门槛就是：你到底有没有能力去赚这个钱？”

2005 年，陈早春决定在风景秀丽的江苏天目湖为中国老板打造一个颐养心灵的香格里拉——涵田。在这个占地 4800 亩的“超级花园”里，设计时尚的私家别墅、产权式酒店、高尔夫球场、马场、网球场、私家游艇码头、滑草场、温泉SPA等，应有尽有。于是，全国各地的老板们马上闻风而至！为了圆中国老板们的乘私人飞机上天的飞天梦，陈早春还在有关部门的帮助下成立了一家“私人飞行俱乐部”，从私人飞机的购置、托管、航线申请及维护保养等提供全程服务。

赚富人的钱，利润大、回报高，但富人可比普通人难伺候。富人追求时尚，追求品位，追求与众不同，追求服务到位。所以，赚富人的钱一定要做足工夫，不仅硬件过得去，软件也不能落下。富人也是人，是你的顾客，顾客就是上帝。只要处处从“上帝”的角度出发，令“上帝”满意，还愁不赚大钱吗？

富人的需求背后都是一个个的金矿（比如应酬、健康、旅行、教育、送礼）。所以，赚有钱人的钱，不是因为他钱多，而是因为他的需求多！有钱人有休闲、减负、减肥、求新求异等要求和心理，价格可以比较贵，但产品质量要好，功能要正好符合其要求。

赚有钱人的钱，大致可以采取以下策略。

1. 推销虚荣

你可以帮助有钱人组织招待会，帮助其宣传，撰写他的个人奋斗史。有钱人需要红酒，要的不是买醉，而是喝红酒的格调和谈资。如果一瓶食用油可以像红酒一样品，一样高调，一样有谈资，那么有钱人肯定愿意全家换油。如果一袋大米可以像茶叶一样有“米道”，甚至必须买一口专用锅才能配这个米，那么有钱人一样会为这种昂贵的米饭买单的！所以，让有钱人找到一杯专属，找到一种谈资，就可以大把地挣他们的钞票了！

2. 经营具有富人标志的产品

你经营的东西将代表有一定收入的人。例如，哈雷摩托车就可以让人产生“这是属于有钱人的东西”的商品形象。在一个地区，总会有各种受有钱人推崇的商品或服务。哪家买的商品最高档，有钱人就光顾哪家；哪里玩得够刺激，有钱人就去哪里玩。

3. 做好配套服务

有钱的人需要的往往不只是产品，还包括产品背后的服务。比如有人要卖燕窝，可是有钱人需要的不只是燕窝，还需要燕窝的养生搭配和宴请指南。这样的话，你完全可以把自己塑造为一个燕窝顾问，让你的顾客随时可以给你电话。你还可以关联销售一本讲述燕窝的各种食用方法的书。等这些吃燕窝的人把你当成了困难解决者，有什么养生问题都来咨询你的时候，你就可以自然而然地推送别的产品了。

4. 让富人有特定消费的地方

要想旗帜鲜明地做为富人服务的生意，应有符合富人身份的环境。比如，高档商品就应该在精品店、高级饭店里销售，而不能随随便便开个门市或者去农贸市场销售。

5. 让富人省力

对于没有足够资金的创业者来说，为富人提供劳务是比较好的途径。比如可以承包某个小区的地下停车场，晚上负责给车辆擦车，一辆车一月收费200元，相信很多车主会给钱的。如果能谈下来500辆车，一个月下来就是个不小的收入呢！

6. 让富人省心

为富人提供信息或出谋划策也是一个比较赚钱的项目，不过，这要有相当的专业技能和知识储备才行。

7. 让富人有面子

不管是提供产品还是提供劳务，都应讲究质量，以便和富人的身份相适应。比如，为富人提供信息资料，随便拿几张纸递过去就不大好，最起码应该将封面做得漂亮点，这就不至于跟富人豪华的办公桌不协调。又比如，给富人搞室内装修，最好请个有点名气的设计师，以满足其虚荣心。这样对自己也是有好处的，因为富人肯付出的价格比普通人高得多。

一天赚10个馒头，还不如10天赚一锭金子。说富人拔一根汗毛也比普通人的腰杆粗，未免太刻薄了些，不过再节省的富人，日常所要花的钱也比普通人多上百倍。对于创业者来说，要做富人的生意，资金是个很大的问题。卖一辆跑车也许就能赚十几万，但很多人连买一辆总价十几万的小车的本钱也没有，只能眼睁睁地看着别人赚钱。然而，本钱不足，也不是不能做富人的生意。钱多有钱多的做法，钱少有钱少的做法，只要选对路子，照样可以做好。

第九堂课

是单赢还是多赢

市场好比一块大蛋糕，假如自己一个人能吃下去，那么谁也不愿意让出来一块，都想垄断利润，自己单赢。创业者刚起步时，更是希望单赢，因为规模小，利润少，再分一块出去就剩不下多少了。尽管很多人呼吁“双赢”，但对于创业者来说，做到这些实在不是一件容易的事。

但是，从长远发展、快速发展的角度上讲，双赢和多赢是个趋势。现在是讲求合作共赢的时代，一个人独吞果实容易让更多人敌视。所以，为了稳妥发展，在创业的过程中，如果能双赢或多赢，才是最好的。

美国商界有句名言：如果你不能战胜对手，就加入到他们中间去。现代的竞争不再追求“你死我活”，而是讲求更高层次的竞争与合作。大家追求的不再是单赢，而是双赢或多赢，而最忌讳的便是两败俱伤或者损人不利己。

一、自己单干就一个人赢

每一个创业者在做出创业的决定后首先就会遇到这个问题：是自己单枪匹马地“单骑走天下”，还是与人合伙集体上阵打天下？创业选择合伙还是单干并不是绝对的，二者各有利弊，关键是要注意如何扬长避短，处理好一些关系。普遍的意见是：做小生意可以自己单干，干大事业就要合伙。

2002 年 4 月，一个名为“六十年老磨坊”的臭豆腐专卖店在浙江省上虞市开张的消息几乎轰动了整个上虞。这家店的老板叫吴利忠，他卖的臭豆腐和别人的不一样，表皮金黄，但敷有一层密密的细孔，似乎是裹了一层鸡蛋才炸出来的。咬一口，外酥里嫩、清咸带鲜，不臭反香。当地人说：“尝过吴字坊臭豆腐，三日不知肉滋味”。8 小块的臭豆腐卖 5 块钱，按说不便宜，但是因为好吃，顾客总是排着长队。这家 60 多平方米的小店，生意好的时候一天营业额却高达 2 万元。

现在，吴利忠在全国已有 60 个地区代理，开了 200 多家连锁店。吴利忠称，仅仅加盟费、管理费和其他一些外围收入，自己就可坐收百万元。

一个新行业的诞生、新产品的上市，前期一定会有暴利的。比如，10 年前卖一部手机的利润是现在的十几倍。对于吴利忠来说，市场是自己开发的，产品是自己开发的，那么暴利也是自己应当赚的，这符合市场游戏规则。谁先找到了金钥匙，谁就能先赚个盆满钵满，天经地义。

任何人都可以单干，而且现在单干的风险也大大降低了。如果你有一技之长、一个合理的服务理念或一个产品创意，就可以勇敢地走上创业道路。但要牢记：单枪匹马的创业者，所有的事情都必须依靠自己。

1. 只有你才真正关心你的事业

在创建自己的事业中，或许你曾多次向员工宣布“大家是事业的伙伴，而不是老板与员工”，而实际上，在你的公司中只有你才真正关心你的事业，其他人员仅仅是在工作。一般来说，只有最高老板对公司负责，而在你的事业中，这个人就是你自己。

你毅然创建了自己的事业，将自己多年的积蓄全部投入到自己的事业中，甚至是负债创业，这本身就是一场勇敢者的游戏。但对大多数人来讲，他们只求安稳，不求冒险。也就是说，大多数人不能跟你共患难。既然如此，在创业阶段只有依靠自己，才能降低创业的风险。

2. 只有你才能推动业务的进展

由于创业单干的本质特点，几乎所有的业务都必须依靠你亲自推动。如果你对自己的公司、业务、渠道等细节问题不是很清楚，那就别指望别人比你更清楚，你也就很难度过艰苦的创业期。牢记一点，你的事业是在你的直接推动下才能有所进展的。

3. 不要对员工抱有幻想

创业单干期间的管理是一个独特的问题，与大中型企业或者成熟的小型企业的管理有着巨大的差异，基本上都是依靠老板个人的工作能力去推动事业的发展。成功的老板在创业期间的工作能力、专业水准会远远超过其他企业的优秀工作人员。同时，由于受到企业发展前景的制约，一般情况下，初创型企业很难招到优秀的工作人员。因此，在具有高度挑战的工作面前，千万不要对你的员工抱有幻想。实际上，这也是一个常识性的问题：如果你是一个大型企业里的普通员工，你会像自己创业时那样努力吗？因此，创业者千万不可一厢情愿地对自己的普通员工抱有幻想，一切只有依靠你自己，这也是对员工和你自己的一种爱护。

4. “靠自己”的实务陷阱

在艰苦的创业期间，强调依靠自己并不是说所有的事情都必须由你本人亲自完成。从大的业务决策到清洁卫生，一切都由你个人干完既不现实，也无意义。“靠自己”与分工合作并没有本质的冲突。“靠自己”就是从思想上不要依赖别人，从结果上必须由你自己负责，在过程中必须由你自己控制，到了关键点必须由你自己掌握。但是，该让员工干的事情，还是应当让员工干，不可自己操劳过度，捡了芝麻，丢了西瓜。

有些行业是必须合伙才能创业的，不由得你是否愿意与人合伙，除非你不做这一行。比如创办律师所、顾问公司、培训机构等，如果没有合伙人，你很难开展业务。而对资金、技术依赖性强的行业也不适合单干。选择合伙还是单干与创业者要进入的行业有很大关系。一些行业的创业者必须要有合作精神，需要建立起合作的团队。

初次创业者可以选择单干，但这样做的风险很大，因为一旦创业失败，创业者就要承担“无限责任”。如果有合伙人投入资金，合伙者就可以以出资额为限承担“有限责任”。所以，如果你开创的事业比较小，投资比较少，完全可以单干，因为这样不需要承担太大的责任，失败了还可以“从头开始”。但如果你想做的事业比较大，最好还是寻找适当的合伙人。

合伙创业比单干容易成功，风险也会小很多。市场上的水太深，一个人创业太难了，发展也十分缓慢。从表面上看，单干的冲劲会很大，决策果断，可以灵活应变，但其缺点也是显而易见的：资金难以筹集、决策容易失误、发展后劲不足等。虽然合伙创业也存在决策迟缓、管理成本增大等诸多缺点，但合伙创业者可以在资金、知识技能、关系资源等方面进行整合，比较容易成功。如果合作人志趣相投、股权结构和企业制度设置合理，创业者就很容易将企业做大、做强。

但合伙创业一定要签订好合作协议，把双方应尽的职责和应享的权益仔细协定下来，决不能口头说说。一句话，宁可“先小人，后君子”。

陈谦当初是通过自己的妹夫认识服装店老板张某的。因为深知妹夫的人品，所以陈谦对这位合伙人也是一百个放心，便在这家服装店里投了 8 万元的资金，成了服装店的一个小股东。张某写了一张收条给他，并说大家朋友一场，赚了钱决不会亏了他，每年最少要分给他 15% 的利润。出于信任，又碍于面子，陈谦也就没有要求签订书面协议。结果，虽然这家服装店的生意十分红火，但到了年终，张某却只给了陈谦 2000 元分红。由于没有书面的合作协议，现在陈谦既无法要到应得的利息，也难以抽回所投的 8 万元资金，处于进退两难的尴尬境地。

亲兄弟明算账，合伙创业一定要做到账目清楚、手续齐全，随时禁得起检查；所有账目的进出情况、合作实体的经营状况和损益情况要定期在合伙人间进行公开，合伙人的利益分配要严格按照合作协议中的规定办理。

小林和小梁合伙开了一家酒楼，两人齐心协力，经过几年的苦心经营，终于将酒楼的牌子打响，酒楼的人气非常旺盛。小林交际甚广，经常带朋友到酒楼里来用餐，而小梁也觉得小林的交际是必要的，对增加酒楼的客户有好处，便从不记账。一段时间后，小梁觉得奇怪，怎么酒楼天天这么忙活，却没有赚到多少钱？后经旁人提醒，方才觉悟到有很大一块利润被小林和他的朋友们“吃”掉了。于是，小梁也开始在酒楼里宴请自己的朋友。没过半年，一家好端端的酒楼就开始出现了赤字。

实战型管理培训专家余世维对于合伙创业这样说过：要学会和合伙人王佐断臂。这是余世维的经验之谈。他自己开过 20 家公司，很明白合伙人问题在创业过程中是最大的问题。在利益面前，你曾经熟悉的人会让你很吃惊。

很多人说，中国民营企业的平均寿命是 2～3 年，但他们却没有说那些企业夭折的主要原因在于兄弟们的分道扬镳。

其实，单干一般会做得很累，而且问题多多，遇到问题，解决的途径也很少。合伙生意也有不少问题：生意好了，可能为了分钱而闹得不愉快；生意不好，可能因为互相指责而闹得不愉快。中国古代经商有这样一句话：买卖容易，伙计难搭。这也是经验之谈或教训之谈。

合伙人的意见相左、做事方法不同、自私贪婪是合伙生意失败的重要原因。合伙人的事情不能随便，一随便，事业就危险了。没有找到合伙人之前，宁可把位置空着，也不要随便拉人合伙。但是，公司要想有长远发展，一定要搞股份制。你的心胸和格局决定了你的事业高度。这里有一条宝贵的经验：可以找那些自己主导过创业，但是失败过的人合作。失败并不要紧，每个人的失败都有原因，都是宝贵的财富，这样成功的概率反而会高些。

单干与合伙是动态的，而不是静态的。当你不能让人家感觉你很有办法赚到钱的时候，最好不要找人合伙，单干是不错的；当你已经证明了你能赚得到钱的时候，找有资金的人合作，会事半功倍；当你有钱但是却不知道怎么去赚钱的时候，找到会赚钱的人合伙，也会锦上添花。

二、合伙创业，就是共赢

如今，创业时所需要的资金、技术、人力、物力、市场等一系列东西都发生了变化，社会也把社会成员通过这样、那样的关系“套”得越来越紧。靠一个人单枪匹马闯天下的难度在加大，成功的机率在减小。

另外，现在创业做生意、办公司，所需要的资金越来越多。即使是规模很小的公司，没有几万元、十几万元根本就拿不下来。这还只是起步资金。如果公司进入到实际运营阶段，所需要的资金会更多。如果你要创业，但对自己的资金、能力、技术等方面有所担心的话，找到一个理想的合作伙伴是一件很好的事情，这有助于你成功创业。

一个人做饼，自己吃饱了，多余的饼就可以拿去卖，赚到一定的钱；如果两个人做饼，各自分工，在相同时间就能生产两倍以上的饼，不仅可以让自己吃得饱，拿去卖的饼也会更多，然后按份分钱。这样一来，可能和自己单干时的报酬一样，但在身价上却完全不一样了！合伙创业，资源多，发展快，如果双方互相信任，有可靠的制度，那合伙就是最好的选择！

在十几年前，很多创业者采取的基本上都是单干的方式。但到了今天，市场竞争日渐激烈，机会土壤越来越少，市场留给创始者逐渐成长的时间越来越少，多人的智慧显然胜过一个。在目前的创业环境中，规避风险、提高创业成功率的其中一个办法就是建立一个“创始人组合”，这样大家能力互补，方便应对各种可能出现的问题。

当然，凡事都有利弊。只要是团队组合，就会涉及一些挑战，最忌讳的就是几个人临时搭台唱戏，但其实并没有长期的默契和良好的配合。因此，选择合伙创业的时候，组合成员之间应该是知根知底的，大家的性格能够磨合到一块，成功概率才会增大。

在清华大学“视美乐”创业团队中，邱虹云、王科、慕岩、杨锦方四位同学利用打工挣来的50万元注册了“视美乐科技发展有限公司”。几年下来，“视美乐”公司这块蛋糕越做越大，后来还在清华兴业投资公司的撮合下成功地获得了“上海一百”提供的5250万元的巨额风险投资金，使艰难启航的创业之舟乘风破浪，远渡重洋。

但是，选择熟悉的人一起创业也并不能排除所有问题。很多创业者在选择“合伙人”时，总喜欢在熟悉的“圈子”里找。在这种情况下，就会出现这样的情况：由于彼此熟悉、了解，在创业初期常凭感情做事，对于企业发展中出现的经营方向、用人问题、财务问题等也大都以忍让、和解的方式处理，而忽视了必备的契约签订过程和严格的约束制度。于是，随着企业的成长，这种工作关系引发的矛盾和问题会逐渐显露，不仅不利于企业的快速发展，有时甚至会导致企业步入破产境地。

创业合伙是因为志同道合和对彼此的信任走在一起的。因此，为了事业长久目标的发展，在选择合伙人时需要注意以下几个问题。

1. 是否需要合伙人

选择合伙人不能凭感觉来，也不能抱着试试看的心理去做，必须要有端正的态度，从多方面来审视自己，同时也必须对你周围的环境和自己的切身利益做周密的思考。

此时，你必须仔细地考虑自己是否能独自承担创业的风险。如果你个人能够承受得住创业的风险，那么最好独自创办企业。因为合伙人虽然可以帮你承担风险，但也可能给你带来矛盾与问题，其利正是其弊所在，鱼与熊掌不能兼得。特别是在创业之初，存在诸多问题，制度难以规范，企业的运作需要灵活的机制，而不是互相扯皮。当然，如果你个人实在无力承担创办企业的风险，就可以考虑合伙创业。

2. 你想从合伙人那里得到什么

你应该清楚地知道你需要从合伙人那里得到的究竟是资金、技术、关系、渠道、土地、经营场所还是其他经营中必不可少的因素，而这些又是你自己一时难以解决的问题。如果你已经清楚地知道了这些问题，你就可以大胆合伙创业了；如果你还是模糊不清的话，你就应该再仔细地斟酌有无合伙创业的必要。

一位从政府机关辞职下海的年轻人独资创建了一家公司，生意做得红红火火。但他并不愿安于现状，想把自己的事业做得更大。于是，他一直在寻找新的项目，希望能够独树一帜，迅速发展。

经人介绍，他认识了一位身怀绝技的老人。这位老人出身于名医之家，几十年来历经坎坷，行医于民间，积累了丰富的经验，并摸索出了一种极有市场价值的保健药品。但是，这位老人脾气古怪，性格倔强，不愿与人合作。这位年轻人却认为精诚所至，金石为开，只要自己真心与他合伙，老人会同意的，况且他很清楚老人的技术正是自己苦苦寻觅了很久的东西，也不是任何人都可以发明出来的。只有通过这样的合伙，才能既使公司迅速成长，又造福于社会。在多次与老人接触、交谈之后，老人终于被年轻人的诚意所打动，同意了合伙的建议。现在，他们的公司已经发展起来，成为当地颇有实力的企业。

可以说，这个年轻人的优点就是有自知之明，也有识人之明。他知道自己需要的是什么，并且以此目标不断地努力，遇到好的机会时还能够紧紧地抓住。在他的创业中，不存在盲目性，这也是创业者应该学习的。

3. 你的性格是否适合合伙创业

在独资企业里，只有一个老板，其余的人都是雇员，老板一个人说了算。而在合伙企业中，合伙人都是企业的老板，合伙人地位平等，不能一个人说了算。合伙人之间的关系不同于老板与雇员的关系。合伙人之间更强调相互尊重、团结合作、互谅互让。合伙人之间的关系比平常人之间的关系更复杂，更难处理。因此，那些缺乏团队精神、喜欢发号施令、不善合作的人都不适合合伙经营。

4. 勤立规矩，规矩不怕多

两个以上的人在一起合作时，不断地出现新问题、新矛盾是正常的事。事情虽然正常，但是也要及时地处理。所谓及时处理就是不要积累，积累必成大患，到问题多时就不好理出头绪来了。成功的解决经验就是事不过夜，哪怕只需要用一句话就可以解决的问题，也要立刻把它用白纸黑字写出来，大家签上字，明天以后就照此办理。这就是所谓的“勤立规矩”。

规矩不怕多，也不怕琐碎。规矩不但对别人是限制，对自己也是一种限制。有的合伙人也因嫌太麻烦，常常忽略一些必要的细节，结果却带来了更多的麻烦。因此，出现矛盾时，最好的办法是按既定的规矩处理，让任何合伙人在任何时候都提不出任何异议，才能合作愉快。有些合作的双方或多方，表面上看来你好我好，其实每个人的肚子里都有一本账。之所以问题没有爆发，只不过是大家暂时认为不到时候而已。一旦爆发，而且难以说清谁对谁错，最后就不得不散伙，事业也就荒废了。

5. 合伙人的退出机制

合伙之初，就要制定好退出机制。当一方想退出时，什么时候可以退出？进入时的投入比与退出时创造的收入之间的比例如何？怎样补偿？由谁承担？这些要提前以书面形式清晰地写到合同里。这样一来，即使合伙人要在合作后期退出时，也不会因为意气用事等做出让自己后悔的事情。所以，合理的退出机制也是合伙创业中很重要的组成部分。

社会就是一张大网。人多力量大，在创业的时候，如果心里的梦想远大，凭自己不容易实现，那就选择合伙吧！单干有单干的好处，合伙有合伙的好处。如果个人实力不够，还是可以考虑合伙的，但必须做到

“先小人，后君子”。万事多个心眼儿，凡事多点忍让、迁就，退一步海阔天空。

三、买卖容易，伙计难搭

人与人之间的合作是一门大学问，它比婚姻更复杂。婚姻还可以凑合，但创业却千万凑合不得。好的合作是你创业的起点，是你发达的基础，而不好的合作却会可能造成两败俱伤的后果。这对于人生而言，实在是一件得不偿失的事情。

学服装设计的尤小丽在大学读书时已获得过校级的服装设计奖。一毕业，她就和两个同学开了一间服装店。尤小丽有专业知识，时尚触角敏锐，眼光又独到，时装店的生意蛮不错的。后来3人又合伙开了间小型制衣厂。但是，同患难不能共富贵，生意做大了，反而引发了矛盾。对于利润如何分成、如何处理退股、服装设计的专利如何使用等问题，当初3人均没有明文规定。矛盾激化后，合伙人之一王娟要求退股，抽走资金，但由于没有合同，大家在利益上各执一词，互不退让，闹得满城风雨。最终，在双方好友的调停下，才得以摆平。吃一堑，长一智，经过此事，尤小丽再也不想合伙做生意了。

眼前有一个赚钱的契机，可是你手上的资金却不够，一般人的第一个直觉就是找人合伙。合伙真的好吗？也许开头不错，不过结局往往不怎么好看，不是拆伙就是因为利润分配不均而闹上法院，有人甚至因为合伙而搞得兄弟反目，朋友变仇人，原先最佳的战友竟成了最熟悉的陌生人。再看下面这个例子。

2016年5月，理大师联合创始人之一兼CMO薛镝和CEO薛希鹏因为股权纠纷闹得不可开交。薛镝对外发出声明称，“理大师CEO薛希鹏在A轮融资成功后却随即一反常理，实行降薪裁员，更令人意外的是在4月底宣布解聘当初一同奠定眼前大好局面的联合创始人——薛镝，并随后对外宣称薛镝在‘理大师’工作期间违反多项职业道德，为其解聘联合创始人的行为正名。”

有记者联系薛希鹏对此进行求证，但薛希鹏称对薛镝的工作能力表示质疑，后者在调换岗位后亦不能完成KPI，并且要求加薪，整个管理层对此均予以反对。在此之后，薛镝本人因此消极怠工，最后自行离职，且向公司索赔500万元“青春费”。双方各执一词，都做好了对簿公堂的打算。

很多时候，创业公司的联合创始人之间从相爱到相杀，只在一念之间。但如果因此闹得鸡飞狗跳，甚至两败俱伤，则令人唏嘘。

由以上案例可以看到，创始人之间的利益平衡本身就是天平的两端，单纯一方要想保持利益最大化，天平就容易倾斜。如何保持利益天平的平衡，是一个很长久的课题。

合伙创业不是谁讲得好听就与谁合作，也不是谁的钱多就与谁合作。根据对大量的合伙经营案例进行研究，可以发现至少有3种类型的人不能与之合伙创业。

1. 眼高手低、耐心不足型

有些人本身贪图享乐，不能从事艰苦复杂的创业工作，但现在每月的收入不足以维持消费水平，看到当老板的很神气，出入有豪车，高档宾馆常来常往，应酬时灯红酒绿，轻歌曼舞，于是便想自己去当老板。他们只看到了成功后的享受和荣耀，却看不见创业的艰辛。没有合伙之前，说起创业来豪言壮语，信誓旦旦，发誓要干出个名堂来，一旦进入实质性的运作，需要投入艰苦的劳动和长时间的努力时，就没有往日所说的那种干劲了，或是得过且过，贪图享乐，或是工作没有主动性，应付了事。这类人没有受过生活的磨难，没有经受过创业的挫折，不懂得创业的艰辛，容易显露出眼高手低、耐心不足的毛病。

2. 自以为是、刚愎自用型

一些人自认为自己比别人聪明，分析力比别人强，听不进不同的意见，总以为自己的观点与看法是最好的。当别人对他的一些观点或看法提出不同意见时，常认为没有必要进行修改。这种人可以轻易地否决别人的意见或建议，但自己又提不出更好的办法。其思维方式是以偏概全，以点概面，偏激、固执，不易与人合作。遇到这样的人，当然不能与之合伙创业。

3. 好话说尽、食言自肥型

一些人仗着自己有一点小聪明，自以为对商场的人情世故懂得比别人多，因而“走火入魔”，认为商场就是人骗人的地方，总想在与别人的合作中多捞一点，多占别人一点便宜。于是，他们在与别人的合伙中，对合伙人没有半点诚意，把对方当成傻瓜，想自己利益的时候多，想别人利益的时候少，斤斤计较个人得失，总想自己多占一点，少做一点。对于这类人，也不能与之合伙。

这种类型的人都有一个共同的特征，那就是“能屈能伸”，就像蚂蟥一样，要与你合作或有求于你时，他的舌头如同蚂蟥咬人时的身体蜿蜒摇动，说话时音调动听极了，这就是所谓“好话说尽”。一旦目的达到，就会把过去所说的话忘得一干二净，完全站在自己的利益上打算盘，这就是所谓的“食言自肥”。

注意：选择创业的合伙人时，一定要把它当作一项重要的工作来做，因为它关系到你创业的成败。面对合伙人，要懂得“人无完人”的道理，只要不妨碍生意，睁一眼闭一眼就可以了。只要这个人身上有你的生意、项目所需要的长处，或者他能够为你的生意、项目面临的问题提出好的解决方案，就要肯定他的价值，发挥他的长处。

更重要的一点是，当你对合作者要求太高时，你也该想想，你自己也不是完人，也并非十全十美。如果你的合作者是十全十美的完人，他们会和你成为合作者吗？对于一起创业的合作者，不要只是看到他的缺点，也不要只是看到他的优点，而要全面看待。

在看待合伙人的缺点的时候，只要这些缺点不是原则性、品德性的大问题，只是他性格上的一些小缺点，无妨大局，不会影响到你们的创业，那么就可以忽视这些缺点，尽管和他一起开创你们的事业。而如果他的那些缺点对于你们的创业来说是致命的，或者他在道德品质上出了问题，那你最好不要和他合作，要么就要格外当心。

四、竞争也要与对方共赢

一个游戏，无论几个人玩，总有输家和赢家。赢家所赢的都是输家所输的，所以无论输赢多少，正负相抵，最后游戏的总和都是零，这就是“零和游戏”，也称“零和博弈”。

零和博弈属于非合作博弈。在零和博弈中，双方是没有合作机会的。博弈各方决策时都以自己的最大利益为目标，结果是既无法实现集体的最大利益，也无法实现个体的最大利益。零和博弈是利益对抗程度最高的博弈，甚至可以说是你死我活的博弈。在社会生活的各个方面都能发现零和博弈，胜利者的光荣后面往往隐藏着失败者的辛酸和苦涩。

北京方庄某小区内的社区菜市场就发生了一起因意气用事而导致的暴力事件。那天，该菜市场隆重开业，还专门请来乐队吹拉弹唱助兴，气氛相当热闹。因为刚开张，许多商户标出的商品价格都比较便宜。谁知，两个西瓜贩子却较起了劲。

胖贩子卖七毛钱一斤，那个瘦贩子就卖六毛钱一斤。胖子很不满，说：“你卖六毛钱一斤，我还做不做生意了？”

瘦子答道：“这是我的西瓜，我卖什么价你管得着吗？”

胖子来气了：“那我就五毛钱一斤。”

“你五毛钱，我就四毛钱。”

“我不要钱，白送，看谁狠！”

就这样，两个人打起了口水仗，谁知一发不可收拾，双方变得越来越冲动，最终扭打在一起，胖贩子用刀刺伤了对方，直到警察把他们带走。

商场上无谓的争斗既消耗财物，又消耗精力，两败俱伤皆无益。孔子曰：“以直报怨，以德报德”。要知道，在市场经济的竞争中搞垮对手不算本事，“双赢”才是英雄！因为今天你不择手段搞倒别人，明天他就可能“以牙还牙”，又不择手段来搞倒你了。冤冤相报何时了呢？

在日本横滨市，几名中国留学生自筹资金，开办了一家四川风味餐馆。他们既当老板，又当侍应生，生意颇为红火。后来，两名泰国留学生买来中国菜谱，依法调制烹炒，在街对面也开起一家川味餐馆，菜价竟比中国留学生的餐馆便宜一半，但生意却很清淡。

泰国留学生还以为菜价还不够低，于是把菜价一降再降，却始终未见起色。因为日本人相信正宗的才是最好的。泰国留学生打算拼死一搏，计划着免费供餐一周，挤垮对手，遂请来一名日本谋士来出谋划策。

谋士曰：“不可！相反，要提高菜价，超出对方餐馆2～3倍，将顾客全部推向中国留学生。”泰国留学生诧异地问：“这行吗？”谋士胸有成竹地说：“你们就等着看窝里斗的好戏吧。”

果不其然，一时间，中国留学生的餐馆生意火爆异常。然而，几位中国合伙人在要不要开连锁店的问题上发生了分歧，有的人说生意很好，可以开连锁店了，但也有人说人手不足，开连锁店恐怕会影响品质。接着，有个合伙人趁机发难，说当初的股权比例不合理，分配不公平，就这样，中国留学生们每天你争我吵，最后大打出手，餐馆没过多久就关闭了。对面的泰国留学生不战而胜，兴冲冲地挂起了“正宗川味”招牌。

有个大富豪曾经说过：财富如水。如果是一杯水，你可以独自享用；如果是一桶水，你可以存放在家里；但如果是一条河，你就要学会与人分享。因此，不同的财富观将会决定不同的人生。

新东方教育集团董事长俞敏洪在演讲时曾说：“创业者要有分享精神。比如说，现在你有6个苹果，你有两个选择：第一个是你可以一口把它们全部吃掉，第二个是你可以自己吃一个，给别人分5个。如果你选择后者，表面上你丢了5个苹果，实际上你一点也没丢，因为你获得了5个人的友谊。当你有困难的时候，他们就会很愿意来帮你。或者，别人会想：我吃了你一个苹果，当我有橘子的时候，无论如何我也要分你一个橘子。这样，你就用这种方式收集了另外的5种水果。”由此可见，分享不是吃亏，而是获利，只有聪明人才懂得这其中的哲学。

有一家公司拥有半个街巷的门面房。这个街巷附近是一个很大的居民区。十几年来，该公司的业务一直不太景气，只好撤了门店，将空房对外招租。有一对夫妇率先在这里租了一间房，办起了一个风味小吃店，生意竟出奇的好。于是，卖麻辣烫的、卖豆腐的、卖涮羊肉的、卖陕西羊肉泡馍的、卖新疆大盘鸡的、卖山西刀削面的……全聚到了这条街上来，这条街上人声鼎沸，很快成了远近有名的小吃一条街。

看见租客的生意这么火，该公司经理再也坐不住了。他强制收回了对外招租的全部门面房，撵走了所有在这里经营各种风味小吃的商户，摇身一变，自己经营起小吃生意来。但没料到，仅仅月余，这条街巷又冷清起来，许多常来常往于这条街上的食客竟然不再来了。公司的效益也出奇的差。公司经理百思不得其解：独家赚钱，最后的收入竟不如房租高。

在这种情况下，他不得不去请教一位德高望重的市场研究专家。专家听了，微笑着问他："如果你要吃饭，会去只有一家餐馆的美食街，还是会去有几十家不同餐馆的美食街?"

经理说："还用问吗? 哪里的餐馆多，哪里的选择余地大，我就会到哪里去。"专家听了，微微一笑："那么你的公司垄断了那条街的小吃生意，别人会愿意去吗?"

这位经理猛然醒悟，回去后，迅速缩减了自己公司的门店，又将门面房重新对外招租，这条街巷的生意顿时又恢复了昔日的红火。

随着时代的进步和观念的改变，人们正逐渐摆脱零和游戏的尴尬结局，朝着"双赢"的方向迈进。无论是对个人还是对企业来说，遵循双赢法则和多赢法则至关重要。

市场中必然存在激烈的竞争，但更重要的是合作。任何创业者都不可能包打天下，需要多种合作者。合作可以发挥整体效应，增强你的竞争能力。但要想与人顺利合作，就必须让别人也"赢"才行。只想自己赢，不让别人赢，永远都不会拥有真正的合作伙伴，这样的企业迟早会自食损人利己的恶果。

利己不必损人。让别人有赚头，自己才会有赚头，这就是双赢法则和多赢法则的真正意义。

第十堂课

是坚持还是转变

创业者大多都会遇到一段比较孤独难熬、没有生意、更没有进账的日子，这个时候最需要的品质就是“坚持”，耐得住寂寞。这个时候如果放弃，除了说明自己不适合创业，没有毅力，还能说明什么？创业贵在坚持。但是，很多创业者折腾了5年、10年也没挣到钱，看不到什么希望，反而越来越迷惘，甚至因为创业而导致倾家荡产、妻离子散、一事无成。那么，这个时候就该放弃或者变通了。

创业中的一个难题就是：什么时候该坚持？什么时候该变通？什么时候该放弃？创业就像打一口深井，坚持固然是成功的必要条件，但并不是充分条件。如果打井的那个位置有油，打出来就能成功；如果打井的那个位置没有油，就算钻透地球也是白搭。同样的道理，如果你的创业方向不是大众所需求的，价值不被用户认可，或者模式不经济，即便做大规模也无法收支相抵，那么就应该果断放弃，尝试其他价值更高的模式。该坚持的坚持，不该坚持的就转变，这才是创业者的生存哲学。

一、坚持扛下去，机会就来了

有一则笑话说：某衬衫厂建了一半，发现织布更挣钱，于是转而投资办织布厂；织布厂刚筹备好，发现种棉花来钱更快，而且没有风险，于是，又是买地，又是请农艺师；农艺师才报到，发现办农校肯定更有前途。结果，最后一事无成。

在一生中，我们会面临诸多的选择，特别是在涉世之初或创业之始，选择尤为重要。一旦看准了方向，选定了目标，就要坚定不移地走下去，坚持一次只做一件事。“板凳坐得十年冷”，忍受孤独和寂寞，朝着一个主攻方向努力。

创业者找到自己认为正确的方向，便开始了艰难的打拼，这是坚韧；面对失败的打击，创业者能够积极地反思，从而发现自身的不足，重新站起来，这更是坚韧。可以说，坚韧是一个创业者必须具备的品质。在创业的道路上有太多困难险阻，只有坚韧的创业者才能一直向着自己的目标勇往直前。

一个企业从创业之初到成长壮大，肯定会碰到各种困难，甚至遭遇绝望的境地，那个时候其实就是考验信念和毅力的时候，但只要自己的方向是对的，坚持扛下去，机会就来了，绝望之后就是希望。其实，不管做什么事，只要认定了，一直做下去，就一定会有希望。

如果你以海上多暗礁为由而放弃航行，那么，这个理由只是你为自己的逃避找的借口，是不能成立的。因为暗礁自古有之，而从古至今海上却从没有停止过航行。如果你以创业有太多艰难险阻为由而放弃追求，那么，这个理由也是不能成立的。因为，活着即意味着艰辛。没有谁一生顺利，苦难是生命的必经之路。生命的意义即在于永远迎着困难而上。

试问，哪一个成功的创业者不是承受了各方的压力，最终才超越了压力，甚至将压力巧妙地转换为动力而获得成功的？

今天的张瑞敏说起海尔可以谈笑风生，可有多少人知道 1984 年他刚刚到海尔时承受的压力？那时的海尔，设备简陋、员工素质低、工作环境一塌糊涂、工作制度形同虚设，怎么也让人想象不到20年后的它会有这么大的成绩。

在张瑞敏之前，海尔已经陆续更换了4届厂长，每一个来时都踌躇满志，离任时则万般无奈。可以说，张瑞敏是临危受命。为了生存，为了企业的发展，他开始顶着压力进行改革，坚持了下去。从此，海尔开始步入正轨。在海尔最为艰难的时候，在众人都看不到希望的时候，张瑞敏有没有动过放弃的念头，我们不得而知。但我们看到的是他冲破了一切压力、阻力，带领海尔走到了今天，走向了世界。

困境可以打垮一个人，也可以成就一个人，关键就在于是否屈服于命运。

李芳菲大学毕业后当了新闻记者，锻炼出了很强的交际能力。后来，李芳菲从电视台辞职，只身奔向深圳去创业。她在深圳国贸大厦遇到了一位老板，当上了每月拿3000元底薪的推销员。一年后，她的出色表现受到老板重视。老板发现她挺有几分灵气，很有交际能力，便把她派往厦门去组建分公司。李芳菲决定在厦门扎下根来，好好发展自己。于是，她运用当记者时建立的人脉，与他们挂钩做生意，使公司业务逐渐扩大。

李芳菲不仅经营分公司内的业务，同时还把触角伸到了其他领域，只要有赚钱的可能，她都要一试身手。失败了，立即撤退；成功了，乘胜追击。她的资本积累渐渐地有了规模。于是，她辞了职，自己当起了老板，承办了一个经营粤菜的酒楼。没有想到，这个酒楼开张才一年就亏损300万元。她身负重债，依然鼓励自己绝对不能倒下去。她停止了粤菜酒楼的经营，找朋友借钱，进行全新的创业，筹建了一家贸易公司。这一次，她从失败中学到了经验，谨慎从事，逐步探索，事业像滚雪球似地壮大了起来。李芳菲终于取得了成功，还在短短几年内在各地设立了10多家子公司。

命运赐予人的可不是一帆风顺。敢于进取的人将自己看成一个皮球，把挫折、打击看作外力。皮球受到的外力越大，就会蹦得越高。

怎样才能具备不怕输的意志，避开失败，走上捷径呢？

1. 把尽量多的时间花在事业上

创业之初要把尽量多的时间花在事业上。每天工作12小时、每周工作6天是最低要求，但是不要把百分之百的精力都放在工作上，因为生命的道路上还有很多花朵绽放。但在前期，很有可能需要先牺牲家庭和朋友间的娱乐，直到你把事业的根基扎牢。

2. 找出社会需要

在选择创业项目上，要提供一种有实效的服务，不要玩虚的、不切实际的东西，最好是经营实物产品。因为凭借写作、绘画或作曲变成百万富翁的机会可以说是极小的，而在销售、房地产、机械等行业发大财的机会比较大。这就要在创业前找出社会需要，然后满足它。社会越变越复杂，人们所需要的产品和服务越来越多，最先发现这些需求而且满足他们的人，也许就是最先成为富翁的人。

3. 不要因为失败就裹足不前

不要怕失败，要告诉自己：失败是难免的，而且失败的价值比中奖的价值更大。因为失败是最生动的一堂课，它会告诉你什么是正确的。

初创时期，大部分创业者对“坚持”有着高度一致的认同，然而落实起来却有着惊人的相似，往往是“三分钟热度”或“坚持坚持再坚持，最后只是三小时”。资金、团队、行业等问题成为诸多创业者退出的理由。

创业注定是一场孤独的旅行，但创业过程本身却是人生的一种财富。创业，需要的是坚持不懈。就像人们常说的那样：今天很辛苦，明天更辛苦，但后天就会很美好。

二、失败之后是否仍有信心

新东方董事长俞敏洪说过："我一直鼓励年轻人创业，如果年轻人不敢创业，就没有比尔•盖茨和马克•扎克伯格。但是有个前提条件：千万不要以败家子的方式去创业，把父母的钱花光。创业的前提是可以承受失败。但创业者真的不要做脑残的行为，不要让父母卖了房子供自己去创业。"

很多人创业失败后，萎靡不振，沉浸在痛苦中，再也站不起来。还有一小部分人，在创业失败后总结经验教训，为日后的创业成功打下坚实的基础。

2006～2013年，赵婷婷在天津的一家房地产公司从事管理工作，在7年时间内积蓄了上百万资产。2013年初，她和朋友合伙在天津成立了一家房地产公司，注册资金500万元。赵婷婷以为自己对这个行业什么都懂了，有经验，懂管理，也有人脉资源，肯定能成功。但没想到，她开始创业后却发现完全不是这样。由于对合作伙伴的资金情况了解不够，很快便出现了资金链断裂情况。最后，不得不停业。赵婷婷打工7年的收入全部打了水漂。为了生计，她又找了一家房地产企业接着打工。但是，赵婷婷没有屈服，没有被失败打倒。她认为，自己的第一次创业是花钱买经验，只要创业的激情还在，就没有输。2016年初，她又拿着50万元再次创业，进军房地产中介行业，做得风生水起。

创业者失败后，可能会成为两种人：一种人是在精神上被打击得太狠了，一蹶不振，另外一种人却仍然保持着顽强的精神、创业的激情。只要精神还在，完全可以再爬起来。虽然我们一直在强调规避失败，但如果因此而使创业之途畏首畏尾，踌躇不前，那并不是我们愿意看见的。

季大伟在中国人民大学毕业后，回到家乡河北省保定市。他家开办了一家箱包厂，生意不错，年销量在5000万元以上，利润每年也达千万之巨。后来，季大伟子承父业，小日子过得很舒服，开卡宴，住别墅，结交的都是保定的上流人物。2014 年初，由于市场竞争，市场疲软，他的箱包厂越来越不景气。到了当年 10 月份，由于无力偿还银行贷款和民间高利贷，工厂只好宣布破产。值得庆幸的是，他的企业资产仍然不少，经过处理，把所欠的债务都还清了。公司破产后，季大伟终日以酒度日，没有一点想把企业重新做起来的想法。过了两个月，季大伟居然把公司所有的客户转让给了另一家箱包厂，把自己的父辈辛苦创下的基业拱手送人。他自己呢？凭借名校文凭，去了一家广告公司做了公司总监，只拿着一份仅够温饱的工资。

商场如战场，一时的失败并不代表永远的失败。如果失败能够让你认识到过去存在的问题，从而在其中学到方法，那么失败所付出的代价就是值得的。成功的商人都会说“失败”也是人生的一种经历，但失败的商人会觉得“失败”就是个彻头彻尾的魔鬼。

退伍军人刘军昀一直有创业的梦想。偶然一个机会，他结识了一个朋友，并一起做起了快速电热水器的代理商。见到赢利了，这位朋友就故意找茬，挑起矛盾，逼迫刘军昀撤资。仅仅半年，刘军昀亏了 6 万，这让刘军昀有种被骗的感觉。他的信心受到不小的打击，可是他又不甘心，想第二次创业。但这时候，刘军昀已经没有什么胆量了，也没有发现什么好的项目。经过这件事，刘军昀的家人也不太支持他，建议他去打工，说他不是这块料。现在，刘军昀还在消沉中，他不知道自己该怎么办，很迷茫。

倒下的失败者们，有的是站起来继续战斗，继续创业；有的是另辟蹊径，给人打工；还有的是从此自暴自弃，消极堕落。继续战斗的精神值得嘉许，而自暴自弃实属不该。创业失败绝对不能怕。“怕”只能让人更加懦弱。如果选择了经商，就不能前怕狼、后怕虎，要有智慧，但更要有勇气。如果在创业之初就怕，那以后的漫漫长路又如何走呢？

失败是迈向成功的阶梯。在企业的运作过程中，失败是难免的，但失败了不能就此气馁，要调整方案，换个方式和方法继续前进，永远不要停止前进的脚步。如今，去银行取钱都要排队，何况赚钱？成功需要机会，但机会不是说来就来的，一般的创业规律是：一年亏，二年平，三年赚。正常的情况下，机遇都是一等好几年，特殊情况下，又将等到何年何月呢？等待的时间一长，对人就是一种折磨，所以叫“熬”。但又不能不熬，钱在别人口袋里，过程中有形形色色的人参与，所以你是无法控制机遇的。因此，别去想什么时候熬出头，每天尽你最大的努力做你应该做的事情，一天天地熬下去。一夜暴富是虚伪的故事，“短平快”的成功者只是极少数，闪光的金子如同闪光的星星，清晰可见但很遥远。走完这个漫长的距离，必须要有坚持的精神。

小米公司董事长雷军有一句话说得很好：“你创业失败，就说明你可能成熟了。但如果你已经被打垮了，你就真完了。”

对于怀揣梦想创业的人来说，创业是一条不归路。很多人觉得：我先出去折腾两年，做不成再回到原有的轨道上来。其实，要么你就别创业，创业了就要坚持走下去。一旦开始创业，即使主观上想回去，客观上都很难回去了，所以创业前要有充分的思想准备。当然，不管你做的思想准备有多么充分，真正创业后都会发现不够用。所以，很多创业者在某个阶段都是糊里糊涂地往前走，咬着牙去扛。真能咬住了、扛住了，就可能造就一家非常优秀的创业公司，或许还会成长为一家伟大的公司。

网上有这样一个段子：即使最美好的婚姻，一生中也会有200次离婚的念头，50次掐死对方的冲动。即使最幸福的工作，也会有200次辞职的想法，50次撂挑子的纠结……坚持，是最好的品质。

这个段子告诉创业者：无论什么时候，懂得坚持的人往往更容易成功。不积跬步，无以至千里。每一个成功的事业都源于始终不断的坚持、脚踏实地的努力和一往无前的信念。只要值得，那就坚持下去，你会发现更美的风景。

三、理性创业，不要冒进

创业，每个人的目的不同，做的事情也不同。有的人是为了自由，有的人是为了精彩，有的是为了证明自己，有的人是看到了利益，有的人为了自己的兴趣爱好，有的人是为了寻求新的生活方式，有的人是为了兄弟情谊……但无论你为什么选择创业，你都走上了一条相同的路。在这里要提醒一下大学生们：创业始终是风险较高的一件事情，无论你从事哪种项目，成功率都难以保证。等你有了承担失败的资本和勇气，再考虑创业吧。

创业不是有个好主意就可以开始了。等你真的开始创业了，你就会知道你面对的不只是客户和市场，还需要面对工商、税务，需要去为公司做推广，需要考虑招聘和员工工资等，这些才是创业的必经之路。

创业需要理性，不是一蹴而就的事，不能冒进。

有个人问一个哲学家："什么叫冒险，什么叫冒进？"哲学家说："有一个山洞，山洞里有一桶金子，你想进去把金子拿出来。假如那山洞是一个狼洞，你就是冒险；假如那山洞是一个老虎洞，你就是冒进。"年轻人表示懂了。然后，哲学家又说："假如那山洞里只有一捆劈柴，那么，即使是一个狗洞，你也是冒进。"

这个故事是什么意思呢？冒险，就是指这个东西你经过努力有可能得到，而且那东西值得你得到。否则，你就是冒进，死了都不值得。但如果这个东西的价值不大，并不值得你去争取，那么也就别因小失大了。所以，年轻人创业一定要分清冒险与冒进的关系，要区分清楚什么是勇敢，什么是鲁莽。

陈虎看中了某品牌饮品连锁经营项目，第二天就跟项目方联系，去示范店考察。他看到示范店的生意很好，很快就签订了加盟合同，并接手了一个正在转让的 20 平方米的门面，交了 6000 元的设备转让费，承诺每月支付房租 2000 元。结果，开业第一天，陈虎只做了 60 元的生意，后来几天更是每况愈下，一个月下来亏了上千元。后悔不已的陈虎这才意识到，当初上这个项目太草率了。

无独有偶，魏洁茹听朋友介绍，某品牌的糖炒栗子连锁店生意很兴旺，已在石家庄市开了 20 多家连锁店，有的店一天的营业额就达 2000 多元。她也亲眼看见了两家店的红火场面，于是就交了 3000 元加盟费开了一家新店。然而，开张一月有余，平均每天的营业额只有两三百元，最后熬不下去，只好关门歇业。后来她也总结说这是头脑发热所致。

胆量绝不意味着鲁莽，头脑发热不叫胆量，蚍蜉撼树也称不上是胆量。勇敢只有与智慧有机地融为一体，才称得上是胆量。

创业者一定要分清冒险与冒进的关系，要区分清楚什么是勇敢，什么是无知。无知的冒进只会使事情变得更糟，你的行为将变得毫无意义，并且惹人耻笑。

创业仅凭勇气和胆量是不够的，必须会理性地思考问题。当创业遇到困难的时候，有很多的方法可以应对，但正确的方法往往只有一个。在这个时候，理性思考就显得非常重要。

1. 不要瞎折腾

有的人喜欢凡事浅尝辄止，遇难而退，这山望着那山高，没有远大理想，无心执着追求，好像换一个行业就能马上出成果一样，在急功近利中忘记了“一分耕耘，一分收获”的浅显道理。这类人玩新鲜、玩刺激，什么都想干，什么都没干好，这样跳来跳去，究竟花落何处，究竟所求为何，最后自己也搞不清，其结果必然是一事无成。

胡忠奇是村里公认多才多艺的年轻人，但艺术又不能当饭吃，他决心干点大事业。他的人缘不错，借了十多万元开办了一个预制件厂，干了半年，销路不畅，没有什么利润，还很辛苦。他听说观赏石很紧俏，便让工人采集了一些奇形怪状的石头，然后装车运到杭州去，准备卖给花鸟商人。买家一见胡忠奇的石头，捧腹大笑：“这哪是什么观赏石？就是一堆烂石头。”这一趟，胡忠奇亏了3万多元。

后来，胡忠奇见当地的鸭梨汁浓肉脆，香甜无比，据说在北京、上海能卖到3元多一斤。胡忠奇很兴奋，就承包了50亩果园。第二年，他把堆积如山的鸭梨整车地运往北京，没想到鸭梨的丰收导致价格大跌，0.8元钱一斤都难卖，一个星期才卖完，一算账又亏了好几万元。

胡忠奇一时找不到赚钱的机会，债主又催着还债，只好用最后的一点资金在镇上租了一间门面卖服装。服装店一溜儿五六家，尤其是他隔壁的一家很有竞争力。胡忠奇不服气，两家较上了劲。他店里的西装标价800元一套，隔壁就把同样的西装标价700元；他标600元，隔壁就标500元。一个月下来，他仅卖出8套，而隔壁的顾客却越来越多。他一气之下与那个店主大吵一架，实在无心经营，最后只好把店交给妹妹打点了。

胡忠奇用了不到3年的时间就亏光了十万多元，由此可见瞎折腾会使人心浮气躁。比如：什么行业最热就投身什么行业，心总是沉不下来；对没做过的行业，总是很想尝试；今天想做经销商，明天想做代理商，后天又想做加盟店；本来在西单卖手机每天都有不错的流水，但为了寻求所谓的大发展，非要搬到中关村去。折腾是贫穷的祸根，是财富的陷阱，守不住"码头"就形成不了累积效应。那些一直处于折腾状态的人，最后大都两手空空。

当你准备折腾或正处于折腾中，请记住：

- 锁定一个目标；
- 相信专注就有结果；
- 树立坚持到底的信念；
- 成功需要付出心血、时间、资源等各种代价。

2. 不要认为自己全能

资金少、实力弱是创业者都会遇到的问题，因此通常情况下要求创业者必须是通才，什么工作都会一点。但有的创业者由此就认为自己全能，只要自己花点功夫，什么事情都能做得像模像样。这就会导致一个问题，就像行为金融学家所发现的那样：大部分的投资者，包括创业者在内，都喜欢高估他们关于投资的知识和能力。

朱广志下海经商，比较幸运地挣了上百万，这使他信心倍增，认为命运之神站在自己一边，怎么都能赢。2013年，他看中了一个新型铝合金门窗项目，于是毫不犹豫地投入了大量资金，希望抓住他看好的商机。但这次，他却没有那么好的运气。改良塑钢门窗以其良好的密封性以及保温、隔热、隔音的性能，使他的新型铝合金门窗在当地断了销路。几次好运气就让朱广志得意忘形，认为自己无所不能。可幸运不能永随，以运气来度量财富之路，早晚要跌跟头。

很多年轻气盛的创业者容易“眼热”，看着什么好做就揽什么，四路出击，主线不明。当一个人头脑发热到如此程度，连“隔行如隔山”“人不是万能的”这样简单的道理都能忘掉的话，那他的生意还会有好的结果吗？

3. 不要有短期逐利行为

创业者看到的往往是项目能赚多少钱，在短时间内创造多少财富。这样的愿望是好的，可赚钱并不是很简单的。一个没有任何经验和能力的人，要想在短时间内赚大钱，可能性不大，更别指望运气。

温州有家私营企业的小老板，看到别人因生产某种塑料产品赚钱都赚疯了，不由得也心急火燎起来，赶紧筹集了资金，决定也要尽快投资上马这一项目。就在这时，他手下的一名技术员劝告他说：“老板，你只要将开工时间推迟 4 个月，我们就能安装调试好一种目前最先进的设备来生产这种产品，产品比现有设备生产的产品要好得多，相信也会畅销得多。”不料，这位老板听了却很不高兴地说：“推迟开工 4 个月？你知道丢掉商机意味着什么吗？那意味着我们将白白丢掉上百万元的利润。”于是命令马上开工。结果，不出那位技术人员所料，工厂开工没几个月，就因为配套技术陈旧、产品科技含量太低而使产品陷入滞销。这位老板不得不重新投入巨资对才开工没多久的工厂进行技术改造。

企业经营者在初涉投资时，易受眼前利益驱动，而忽视长远利益，采取急功近利的短期行为，这样做虽然能够使企业一时获利，却丧失了长远发展的后劲。短期逐利行为的驱动可能使企业遭遇滑铁卢。

为什么有那么多的人创业失败呢？这往往都是诱惑惹的祸，创业者应该学会拒绝诱惑，理性创业。理性创业说起来很容易，但做到却很难。但如果创业者掌握以下几个原则，或许可以使你在创业的道路上少走一些弯路：

- 当自己对行业的理解和经验不足的时候，不要进入投资额太大的项目；

- 没有一个项目是完美的，都有缺陷，但要考虑它的缺陷到底有多大，会不会影响你吸引消费者；
- 避免进入有大企业、大资金进入的行业，“蚂蚁”要想跟“大象”的竞争，成功的概率无疑不大；
- 短时间内赚大钱的可能性不大，更别指望运气。

拒绝美丽的诱惑是创业者必须具备的能力。创业的艰难是肯定的，可善于理性创业的人，一定会走得更远。

四、不要一条道走到黑

2014 年 11 月 15 日，在第十一届中国并购年会上，中国高新投资集团公司总经理李宝林说：“我个人经历了 30 年的投资行业，各种所有制企业都接触过，成功的、失败的企业家也接触了无数。实实在在地讲，他们失败的原因很多，但简单地讲，一条路走到黑却是一个普遍现象……”

2011 年，邯郸市的席占翔大学毕业不久便满怀豪情地投身商海，开启了自己的创业之路，做起了汽车养护用品代理生意。谁料，在生意场上摸爬滚打了 4 年，直到 2015 年 10 月，耗尽百万元的席占翔却毫无建树，不仅掏空了父母数十万元的积蓄，还负债累累。见儿子陷入恶性循环无力自拔，父母希望他能放弃创业，好好上班过日子；而年轻气盛的席占翔却执拗地认为自己一定会创业成功，始终不愿放弃，依然期待着一飞冲天的那一天。

“不到长城非好汉”是鼓励创业者坚持不懈的，不过，中国人还有一句古话叫“不见棺材不掉泪”。虽然说的都是坚持，但前者明显是褒义，后者明显是贬义的。如果脑子里只有一根筋，一条道走到黑，最后只会碰得头破血流。年轻人有激情和干劲儿，但并不是每个人都适合创业，尤其是刚毕业的大学生。大学生创业的最大弱点就是资历尚浅，能创造的价值往往并不能达到预期的高度。

如今创业不容易，如果你下定决心创业，至少要准备半年的运营资金，不然到时候资金流动不畅，会让自己的创业历程很被动。如果从事的是代理生意，则应想尽各种办法，早点从客户那边拿钱，晚点给供应商付钱，那么你就可能获得很好的现金流。创业还是一次心灵历练的过程。面对其间遭遇的无数困难和失败，应保持激情和专注。但如果你的生意多年都没有起色，则应检讨自己，及时总结经验教训，看自己是否该及时转向，以选择其他出路，不然就会让自己越陷越深。

看看这个实验：把一只瓶子放在桌上，底部向着有光亮的一方，瓶口敞开，然后放进几只蜜蜂。蜜蜂只会朝着有光亮的方向（也就是瓶底）飞，宁愿活活累死，也不朝其他方向飞。放进苍蝇就不同了，它们一旦发现此路不通，便立即改变方向，最后都能找到瓶口飞出去。

“无头苍蝇”本来是贬义，但在这里却能给人启发：创业者也要多多尝试，哪条路通就走哪条路，什么项目赚钱就做什么项目。这样多闯闯、多试试，总会找到适合自己的赚钱路子。

2006 年，程文涛大学毕业后在一家外企工作，地位不低，工资不错，待遇不差。但工作 3 年后，他决定自己出来闯天下，开始了 5 年内 7 次创业的历程。2009 年初，程文涛在农资超市偶遇一人，在听了对方天花乱坠的吹嘘后，程文涛搞了一个农资超市。结果。因为程文涛过于信赖他人，疏于监管，造成巨大的财务漏洞，损失巨大。抽身后，30 万元的资金只剩下了一半。同年底，程文涛开始第二次创业，这次是搞饮料开发，但因为缺乏技术支持而再次失败，又损失了 8 万元。2010 年 5 月，程文涛开了一家书店，结果因为选址偏僻，加上当地买书的人少，且不靠近学校，3 个月后只好关门。

2011 年初，我国很多地区雾霾严重，程文涛开始代理消毒产品、防毒口罩，3 个月内赚了 3 万元。但随着更多人加入这个行业，加上冬去春来，市场也一天天萎缩，程文涛最后不得不放弃了。2012 年，程文涛第五次创业，和朋友一起做出口贸易，虽然利润不错，但他却被合伙人黑了 10 万元。后来，程文涛独资开办了一个贸易网站，却以失败告终。

这次失败之后，程文涛决定还是做实业稳当。2015 年初，程文涛和父亲以及父亲的老朋友开办了一家酿酒厂，开始了第七次创业步伐。由于父亲及其朋友酿酒技术高超，加之当地人爱喝粮食酒，他们的酿酒厂产销两旺，一年能赚几十万元。

做生意成功的人并不是一蹴而就的。做生意赚到钱的人一般都是经过几次失败才发达起来的，因为经商能力是不可能从书本上学到的，需要自己在实践中慢慢领悟。经过几次失败后，才会知道做生意是怎么回事。

有个老和尚问小和尚："如果你前进一步是死，后退一步则亡，你该怎么办?"小和尚毫不犹豫地说："我往旁边走。"天无绝人之路，人生路上遭遇进退两难的境况时，换个角度思考，就会明白：路的旁边还是路。古语有云：穷则变，变则通，通则久。创业需要变通，因为变通是成功创业的关键。成功的路上，失败和挫折数不胜数。如果不知变通，一味顽固，则只会把自己碰得头破血流。懂得趋利避害、顺势借势，不仅是创业的智慧，更是事业生存和发展的本能。

在马云的早期创业过程中，曾经有过这样一段波折经历：1997 年年底，国家外经贸部向马云发出邀请，让他到北京去管理外经贸部网站。马云对北京并不熟悉，但他们在北京做得确实十分成功。到了 1998 年年底，互联网大潮越来越热，马云决定离开。他想：如果坚持眼前的事业，那么他会越来越像一个官员，而不再像一个商人，而这并不是他的初衷。就这样，马云放下了眼前的所有成就，重新回到了自己创业的原点，开启了崭新的事业。

换作普通人，在当时事业蒸蒸日上的时刻，一定不会去考虑调整自己的发展方向。而此时的马云却能从中察觉到事业的发展方向已偏离了自己最初的梦想。于是，他最终做出返回杭州创业的决定。世事变迁，我们站在今天去分析，足以看出马云当初的抉择是多么正确，也因而不得不佩服他当初的思考与果敢。但是，放在十几年前，又有多少人能够理解、接受和支持马云的这个选择呢？正是因为放弃了自己的一些小成就，才铸就了马云今天硕大的成果。

很多时候，坚持并不代表明智，也不代表会走向成功。选择坚持还是放弃，考量的标准是未来，而不是眼前。如果坚持意味着牺牲未来，那么这种坚持就是枷锁。很多时候，放弃要比坚持更难，因为放弃就意味着面对未知、面对变数、面对牺牲既得利益，但是不放弃就可能没有更大的机会、更广阔的前景。

伟大的牛顿早年曾经是永动机的追随者之一。然而，在进行了大量的失败实验之后，他很失望，于是他很明智地退出了对永动机的研究，在科学研究中投入更大的精力。最终，许多永动机的研究者默默而终，而牛顿却因摆脱了无谓的研究，而在其他方面脱颖而出，取得了辉煌的成就。

坚持是一种良好的品性，但在有些事情上，过度坚持则会导致更大的浪费。永动机就是一个很好的例子：它使很多人投入了毕生的精力，浪费了大量的人力、物力。因此，在一些没有胜算把握和科学根据的前提下，应该见好就收，知难而退。有的人失败，不是没有本事，而是定错了目标。

很多创业者已经面临绝境了，但是如果你劝他："这事儿你别干了，还是想想其他路子吧！"对方却很可能不听。当一个人对自己的看法太过坚持时，他就没有容纳反面意见的空间了。即使有人向他提出中肯建议，他也只会把你的话当成泼冷水，而非金玉良言。

当创业面临绝境，那些告诉你"不要放弃""坚持到底"的喊话虽然可能也是正确的，但这些正向思维都有前提。这些前提就是要问问你自己：

- 你的市场在哪里？
- 你的客户在哪里？
- 你的市场怎么样？
- 你的竞争对手怎么样？
- 你所在的产业状态怎么样？

如果这些问题的答案都是不乐观的，还是及时转行比较好！

许多创业者都有一股子"犟"劲，特别是在生意场上向前冲的过程中，发现错了却不肯回头，不愿退步。有的人主观认为挺过这段时间就能转好，于是就凭着自己的想象一路“犟”到底。结果，除少数幸运儿外，大多数人都会以失败而告终。大学生初入商海，不能随便出手，一定要有眼光，犹如大海上的一叶孤舟一样，机动敏捷，方向不对马上调头，发现此路不通就应别出心裁找新路。

市场的客观变化是任何人都难以把握的。市场的发展趋势也不可能平稳过渡，它的规律一般是 3 ~ 5 年一个小循环，10 年一个大循环，这是市场自身的发展规律。我们左右不了市场，却可以改变自己的经营策略和经验方向。在市场已经变得无利可图，尤其是已经明显亏损的时候，一定要学会尽快止损清仓的本事，否则就会亏得一塌糊涂！实际上，就算是那些不赔不赚，一直持平的创业者，也早该放弃了。创业者应该学会最基本的财务管理原则，继续耗下去可能还不如关门，然后去给别人打工。再说了，休息一段时间，换一下环境、思路和圈子，说不定什么时候就能发现一个更好的机会呢！

第十一堂课

是诚信还是厚黑

创业不能回避诚信的问题。俗话说：一客失了信，百客不登门。诚信经营是创业之本。不过，讲诚信并不是要创业者当傻子。商业活动中，还是需要运用一些手段的，即使是简单交易也需要讲究一些策略。这并非不诚信，或者说这个问题与诚信无关。

事情都有两面性。在商场中，不仅应要求自己讲诚信，同时也要注意合作对象的诚信问题。先小人，后君子，有备无患，则百毒不侵。世上的事就是这样，人无害虎心，虎有伤人意。不要因为自己的诚信而成为别人心仪的猎物，成为别人的牺牲品。比如，对于客户就要进行甄别：对于那些讲诚信的客户，则以诚信待之；对于那些不讲诚信的客户，则要保持高度警惕，甚至根本就不与之合作。

一、歪门邪道难长久

2014年4月19日，胡润百富榜发布《中国富豪特别报告》。在该榜发布的15年里，有27名上榜富豪犯罪入狱。入狱原因很简单，就是他们所有的财富都不是勤劳致富，而是通过“权力寻租”来完成的。为了达到目的，他们疯狂烧钱，疯狂送礼，最后通过不正当的方式积累了财富，结果就是身败名裂，自己也锒铛入狱。

很多人创业后，起早贪黑，没日没夜地干。为了什么？当然是为了赚钱。虽然赚钱越多越好，但是赚钱也要有赚钱的道德。古人说“君子爱财，取之有道”，讲的就是赚钱的道德。除了少数奸商外，正当商人都是比较认可这句话的。生意人讲商业道德，不仅对社会有好处，对于生意人自己更有好处。

有些商人求财心切，总是幻想发一笔横财，一举成为大款。只可惜无横财可发，于是乎，就在日常生意中搞一些见不得阳光的勾当。譬如对外地来的客户或者不懂行市的客户，总要想法“宰他一刀”，有些人甚至不择手段，以假乱真、以次充好，坑害客户。这些人大概都有一个自欺欺人的想法：世界那么大，来往客户那么多，“宰”了你一个，还有后来人。这样的想法既可笑又可恶。世界是大的，但世界有时又很小。按照“80/20”法则，你的大部分销售额是来自于一小部分常客。你“宰”了客户，你的回头客就会减少，“宰”的人越多，回头客就越少。世界上恐怕难得有上了当还不自知的人，他们迟早是要醒悟的。明白自己上了当的人，还会再上你的门吗？若再上门，就肯定是找麻烦来了。

北方某城市的一个居民区里新开了一家面食馆。店里的花卷、馒头、豆沙包、驴肉馅饺子等个大、质优、馅多、味美，服务也特周到，因而一时间火爆异常。不仅早点时买的人多，平时也不少，而且还成了一些中小学生固定的早、午餐点。后来，店主看到店里的生意好，每天都不愁卖，便开始悄悄地偷工减料，馒头、花卷个小了，饺子也不再皮薄馅大，而是皮厚馅少了。开始的时候，顾客尚未察觉，因而买卖还持续兴隆了一阵子。店主一算账，利润较先前高了许多，便更加认定“偷工减料，来钱就是快”。最后，顾客发现了其中的变化，纷纷改到其他店去购买。等到这家店主发现顾客稀落的时候，为时已晚，因为其他几家店早已抢占了他的市场。

每一个生意人都或多或少有自己的生意伙伴，要么他从你这里进货，要么你从他那里进货，或者互相之间有某种服务关系。生意场好比一张网，每个人都是网上的一个结，完全是一种共存共荣的关系。若是因为贪图近利而欺骗老客户，或者乘某种有利的机会想从老客户身上狠捞一把，又或者拖欠老客户的货款长期不还，甚至准备赖账，你的生意就算做到头了。对待生意伙伴，必须始终抱着互惠互利的原则，自己要赚钱，也要让人家有钱赚，生意才能长久做下去，这是一个最基本的道理。千万不能利令智昏，连立足的东西都不要了。

创业者在市场竞争中追求自己最大的经济利益，无可非议。但是为了真正保证自己的合法利益，使企业获得可持续发展，就一定要远离不正当竞争行为，避免走向违法的道路。如果扰乱市场经济秩序，就会使企业遭受经济损失，甚至濒临倒闭，还可能会把自己送入监狱。

做生意讲信誉，就是要通过讲诚信，为自己赢得赞誉和认同，这在短期内可能见效不大，但以诚待人，以诚经营，终究会得到长久的利益。靠搞欺诈、瞒骗等手段赚取不义之财，虽然会尝到一点小甜头，但继之而来的肯定是更大的损失，生意也不会有人来光顾了。

柳宗元在《鞭贾》里记载了这样一件事情：

有一个出售马鞭的商人，其所出售的马鞭质量并不好，但装饰却颇为华丽，仅值50钱的货竟要价5万钱。一次，一个糊涂的富家子弟花5万钱买了一根鞭子，向人炫耀。有一天，马不听他的使唤，他就挥鞭使劲抽打，鞭杆一下子断裂开来，他才知道买来的鞭杆外表很美观，但里面用的却是腐烂了的木头，根本不是鞭商所吹嘘的南山木料。富家子弟去找鞭商理论，鞭商却以货物出门、概不负责为由，拒绝退赔。买主便在市场上向众人大肆宣传此事，使鞭商丢尽了脸面，无法再在市场上立足。这位鞭商自以为得意，发了不义之财，但是没有想到这笔财却砸了他的饭碗。

有的经营者明知自己商品有毛病，但又怕卖不出去赔本。但实际上如果故意将低劣的商品卖给顾客，一定会像上面的鞭商那样砸了自己的饭碗。因此，要想生意兴隆，口碑最重要，“以诚待客”是经营之本。

同样面对这类问题，有些经营者的做法就很明智。他们把有一点毛病的商品挑出来，写明某某商品有何许毛病，但无伤大雅，且降价销售。这样，顾客看过之后，便会放心购买，且不存在回头扯皮的问题。商店既卖出了积压的次品，加速了资金周转，也不失声誉与大雅，赢得了顾客的信任，岂不美哉！

程放当过油漆工，后来组建了一支装修工程队。在人们痛斥装修“游击队”种种不是的时候，他所承接的工程却从没有断过，常常装修完一家，还有好几家在等着他。这是为什么呢？

原来，在装修中，有时工人出了小小的差错，换成外行人未必看得出，可程放发现后却不敢马虎，叫工人重新返修，然后自己赔上材料费。他坚信“以质取胜”的道理，所以对客户有约在先：装修后负责保修。有时，问题并不出在装修质量上，可只要有客户向他打声招呼，他都会在力所能及的范围内帮忙，而且收费公道，不去漫天要价。在与客户闲聊时，他坦率地说自己是小本生意，不可能花钱做广告，全靠客户推荐，这就需要有良好的口碑。经过几年的努力，他拥有了一家规模颇大的装修公司，在业界和客户那里有相当高的知名度，生意自然越来越好，越做越大。

创业要想取得成功，就需要在良性循环中发展壮大，而最好的办法就是珍视自己的信誉，这无疑是个让人信服的金字招牌，会使你的生意日益兴隆。因为良好的口碑并不是靠嘴巴吹出来的，而是靠诚信经营、踏实可靠打造出来的。所以，诚信经营对创业伊始的人来说尤其重要。

任何经营者都懂得经商的目的就是赚钱，但赚钱要赚在明处，赚得合理合法，合情合理。不正当的经营是要砸招牌的，终究会失去顾客。如果一心想发家的经营者只做一锤子买卖，虽然可能发不义之财，得利于一时，但只会搬起石头砸了自己的脚，最终还是逃脱不了价值规律的惩罚。

1988 年，罗德明将其购买的普通廉价白酒贴上茅台酒商标，以茅台酒的价格向广东、浙江、海南等地销售，3 个月的时间就销售出了 4 万多瓶假茅台酒，获得非法营业收入达 331.9 万余元，非法获利达 209 万余元。茅台集团发现后，将罗德明告上法庭，他最终被判处死刑。

所以，无论是个人还是企业，无论是从个人发展还是从社会关系来看，赚钱都需要讲究方法。

如果一个人为了赚钱，抛弃了人际关系、人格、友情、规则等众多因素，就会变成单打独斗的孤家寡人一个。常言道：得道多助，失道寡助。方法对了，那些被抛弃的东西就都回来了。这时，财富对于我们来说才有真正的意义。

二、警惕骗子的生意诱饵

近年来，网络、邮箱、街头小广告等一本万利、一夜暴富的宣传铺天盖地，而且悄然蔓延，愈演愈烈。别看这种宣传材料的字数不多，措辞却极富诱惑性：“轻轻松松月赚数万”“投资几百元，获得数万元”“财富飙升之道”“让你爆发 100 倍的生命潜能——白手起家，成为百万富翁”。极具诱惑力的手机短信也不断狂轰滥炸：“恭喜您的手机号码在某公司摇奖中彩，喜获奖金 9.8 万元……”。好像不费吹灰之力，人人都能成为百万富翁、千万富翁。如果真的这样，这个地球早就没有普通人啦！那么这些提供“金点子”的怂恿者岂不个个都是超级富翁？

刘伟忠在邯郸经营一家小家电卖场，兼营批发和零售。刚开始，他的生意特别火，但随着本市几家大的家电连锁卖场纷纷开业，人们买家电都往那些地方跑。这下子，刘伟忠差不多丢了零售这块利润，心想如果实在没招，就干点别的吧！一次，刘伟忠在电子信箱里看到了一封邮件：天津康威公司的快速龙头式热水器，经国家权威部门检验合格并已获得国家专利。现诚招全国加盟代理商，可用半成品生产，也可代理销售，保证年收益达数十万元……

这个东西只有巴掌大小，直接安在水龙头上，通上电，就能放出热水，比普通热水器省电、省水。刘伟忠觉得自己找到了一条赚钱之道。为了稳妥起见，刘伟忠登录了天津康威公司的网站。一看，营业执照、专利证书、国家科技成果证书等证件样样齐全。可仍让刘伟忠觉得不放心的是，所有的证件都是复印件，看不太清楚。为了看个究竟，刘伟忠揣着钱，从邯郸开车来到了天津。

康威公司的办公地点在一所科技研究所院内。老板陈东亲自接待了刘伟忠，还主动把各种证件和荣誉证书拿给刘伟忠看。刘伟忠提出要看一下产品，陈老板说样品都让人拿光了，只给他看了一张表面印着“产品演示”字样的光盘。没看到样品，刘伟忠老是觉得不踏实。陈老板看出刘伟忠的心思，有点不高兴地说：“老弟，我为啥在科研所办公？一是因为咱们的产品就是科研所的研究成果，二是因为工厂交通不方便。考察的人大老远来了，我得给人家创造方便吧？再说，如果来个人我就把他领到工厂，那我一天才能接待几个人？忙啊！这样吧，我给你个建议：你可以先到隔壁的科研所办公室打听一下我公司的情况，再问问有多少人和我签了合同。”陈老板这么一说，刘伟忠反倒觉得有些不好意思了。趁陈老板上洗手间的工夫，刘伟忠到隔壁的办公室去了一趟。里面的人笑着说：“又是来打听快速龙头式热水器的吧？放心好了，我们保证企业是真实的。人家都签了好几个代理商了！”

刘伟忠想：看来是自己多心了。陈老板一回来，刘伟忠便和他商量签合同的事情。按照合同要求，刘伟忠交了2万元代理费。陈老板又给他退回了500元，说是报销车费。回到家后，刘伟忠把滞销的产品能退的就退，不能退的就低价卖掉，空出大量柜台，就等着热水器到货了。半个月过去了，货还没到。打电话一问，陈老板对他诉苦：“老弟，我这里都脱销了，你再等等，一周之内我肯定给你安排。”又等了一周，货还没到。刘伟忠有点毛了：该不会上当了吧？给陈老板打电话，停机！到网上查看康威公司的网站，访问不了。坏了，刘伟忠心里一凉：自己被骗了。

这类骗子专门针对创业者进行诈骗。他们认为：中国人口十几个亿，哪里能骗得完呢？一般来说，骗子头目会购置办公设备、安装电话、开设假公司，取一个好听的名字，然后组建庞大的“诈骗队”开始行骗。他们的骗术说起来并不高明，但却总有上当受骗的人。

所谓“骗”，就是利用假的东西诱惑别人，从而得到利益的行为。骗比偷盗、抢劫更隐蔽、更狡猾、更具欺骗性。由于人们受骗之后往往就会加强戒备，为了行骗成功，骗子也不断地研究新情况、变换新手法，因而使某些受骗者连续受骗而仍不觉悟。

贾明辉是一家装饰公司的小老板。公司刚成立，贾明辉就四处找关系，寻门路揽活。一天，他在一张小报上看到一家公司发布了一则旧办公大楼的装修招标广告，便按照广告上提供的地址来到那家公司。到了那里一看，发现还有不少前来投标的人。一名自称经理的人让员工拿出了工程招标说明书、公司营业执照、土地使用证等证件让竞标者看，然后又领着他们到各楼层看了看，就让所有竞标者回去做好标书，以便竞标。

随后，这位经理称有急事，锁上办公室的门，坐上门口的奥迪 A6 汽车就走了。贾明辉从那家公司回来后，连夜与预算员做完了标书。不过，他想起还有其他竞标者，心里就有点打鼓。贾明辉心想：舍不得孩子套不着狼，看来必须给那个经理“意思”一下，才能确保工程竞标成功。第二天，贾明辉起了个大早，拿着投标书，带着 2 万元现金又去了那家公司。他将投标书给经理后，见屋里没有其他人，就拿出钱放到了经理的老板桌上。经理只是客气地拒绝了一下就收下了，然后让贾明辉先回去，说是等看完标书再与他联系。经理还安慰他说：“放心吧，你的标书做的不错，应该没什么问题。”

下午，经理通知贾明辉，他的方案中标了，让他去公司签合同。贾明辉喜滋滋地与经理签了合同后，经理告诉他：“这几天公司比较忙，如果马上装修会影响公司的业务。”贾明辉想，反正合同也签了，工程是跑不掉的，早一天晚一天没关系。一周过去了，没有等来对方要求施工的消息，贾明辉就打电话给那个经理，却发现经理的手机关机了。贾明辉想到了那 2 万元钱，急忙赶到那家公司，发现整幢大楼已经人去楼空。贾明辉这才意识到可能被骗了，向公安局报了案。公安局告诉他，这几天已有 14 人受骗报案，受骗金额共计 30 多万元，他只是其中之一。

骗子的嘴脸虽然多种多样、千变万化，但有一点是共同的，那就是他们总能够“想你所想，急你所急”。你想到却做不到的，骗子都能帮你办成，而且说得头头是道，让你深信不疑。可以说，有时你被骗了还不知道骗子是谁。

总的说来，商场上的骗子主要有以下特征：

- 单独行骗的骗子往往喜欢先跟你“套近乎”。
- 骗子把你当成“猎物”的时候，往往会把非常难办的事情说得很容易。
- 骗子都有一张厉害的嘴巴。他们会察言观色，能把死的说成活的，把假的说成真的。
- 骗子很喜欢向你灌输“吃小亏占大便宜”“过了这个村就找不到这个店”的思想。

要想防骗，除了识别骗子之外，还要加强自身的防骗能力。常言说，苍蝇不叮无缝的蛋。所以，创业者应消除非分之想，不贪意外之财。君子爱财，取之有道，只要自身能够“坚壁清野”，再高明的骗术也就无奈我何了。

创业路上的陷阱、骗术重重，稍不注意，就会被骗子骗得一无所有。这里分享一下一些成功创业者总结的 10 条防骗经验，或许能给正在创业路上的创业者们减少一些的风险。

1. 轻而易举发大财的生意不干

常言说：钱难挣，屎难吃。轻而易举就能赚到大钱的生意不能说完全没有，但背后往往有着极大的风险，甚至陷阱。股票市场也是一样，赔得血本无归者往往都是奢望在短期内赚大钱而追涨杀跌的一族。

2. 过分热情的生意人不沾

生意如外交。常言道：外交无真友，利与势也。社会上的各种表演，都是为了追求利益。真诚有度的热情是生意场上你来我往的必然应酬，但如果有人对你过分热情，那他就很可能对你有过分的企盼或目的。遇到这种对象或场合，就要时时提醒自己为什么了。

3. 额外的甜头和小利不贪

生意场上，凡是一开始就给你蝇头小利或点滴甜头的，往往都是为了对你放长线、钓大鱼。他们吃小亏是为了占大便宜。常言说：小不忍则乱大谋，凡是见小利而眼开者，不但在商场上成就不了大的事业，还很可能会跌入骗子的陷阱。如不及时总结经验教训，再遇到同类事情还会受骗。

4. 不见兔子不撒鹰

在商场上，必须学会对所有人都听其言、观其行。尤其是对陌生的人士，既要相信，又要疑问。凡是没有经过长期交往的关系和没有经过考查的单位，坚持货出去、钱进来，或者钱出去、货进来，钱货两清，宁可贱卖，绝不赊欠。碰到那些喜欢拍胸脯、说大话、乱将军的人，更要多加小心。

5. 严格监控所购商品

“调包计”是常见骗术之一，主要有 3 种形式：骗子出售某种商品，让你看到的是优质样品；让你验看的是真货，待货物运到时，才发现交来的是假货；在你考察时看到的是新机器，待你收货时，方知是被淘汰的旧机器。

6. 不要让对方找到借口

借口在商场交易屡见不鲜，从谈生意到货物交易、租赁承包、工人工资变动等直接的经营活动，借口无所不在。它有时可被看作商场交易的一种技巧，有时又是用来诈骗的手段。合理、适当地利用借口可使你的生意成功，但不善于对付他人的借口也会使你上当受骗或给生意带来麻烦。

7. 防止"钓鱼"骗术

这类骗术的一般方法有两种：先与企业签订小额合同，认真履行，取得信任后再签大宗巨额合同行骗；与企业签订大宗巨额合同，先付小额货款、定金，或采取行贿、回扣等手段骗取货物。

8. 要做好事前事后工作

商场上常有这样的情形：作为供方的你，不远千里，辛辛苦苦地把货物运到对方指定的地点，对方却以"货物质量差"等理由把你的货物拒之门外或者拒付货款。这多为需方的欺诈手段。对付需方欺诈，除预先订好具体、明确、公平的贸易合同及封存自己的货物样品外，还应请法律顾问将其诉诸法院。

9. 防止卖空骗术

一些骗子自己无货，却谎称有货，把需方领到码头、货场或仓库，把别人的货说成是自己的货行骗。受骗人的错误在于有时过于相信感觉，认为亲眼所见不会有假，而假象往往混杂于这种感觉中。对付这种骗术，主要是打消感性错觉，通过理性的查证方式，弄清物品的真正主人，如请对方出示身份证和有效证明等。

10. 防止空头合同诈骗

伪造证件，以法人身份行骗是当前社会上经济诈骗犯罪的主要形式。这类诈骗的欺骗性大，而且被骗取的数额也大。这类骗子的主要骗术是伪造营业执照、许可证、海关和商检证明、提货单、身份证、工作证等有关证件，骗取信任，进行诈骗活动。防止此类诈骗的措施：看对方是否具有签订合同的资格；看对方的经营范围和方式；看对方的注册资金数额；要注明合同履行地点、时间、产品质量标准、付款方等。

现在的人们普遍有一种浮躁情绪，什么事都抢着“抓机遇”。实际上，真正的生意是棒打不散的，不靠谱的生意却早晚都会散。同时，创业者要谨记“君子爱财，取之有道”。创业路上，只有总结经验，不断地磨练自己，提高警惕，才有可能摆脱困扰，拨云见日。

三、义不经商，慈不带兵

都说商场如战场，其实，商场要比真正的战场复杂得多。对于商场来说，可能到处都是战场，到处是对手。但凡成功的人，都有他们出奇的手段，除了一步一步脚踏实地努力以外，还要有一些经商技巧，使自己的事业能够如虎添翼，一举成名。

其实，做生意本身是非常庸俗的事情，在古代经常和“奸商”画等号。有句话说得好：你赚的钱都是别人亏的钱！生意场本来就会牵扯到每个人的切身利益。在不犯法的情况下，要想成为生意人，必须按照市场规律办事，有时候可以先把自己的高雅爱好、高尚情操和高贵品质掩藏起来。

其实，生意有千万种，各有各的技巧，只是大家没有去发挥它的作用罢了！

赵国豪是一家饮水机生产企业的老板，但他生产的饮水机与其他牌子不一样，因为他生产的饮水机的口径与众不同，很漂亮、很巧妙、很独特，而且只有他自己家生产的专业饮水桶才能与之配套，其他厂家的饮水桶都不能在他的饮水机上使用。他似乎很早就看到了饮水机的最终出路，所以就在拼命推进饮水机技术革命的同时，还考虑如何降低饮水机的生产成本和销售价格。到了最后，他决定与一家知名水厂的老板合作。他提出，只要水厂采购他的饮水桶，他愿意按比例拿出对应的饮水机作为赠送的礼品。水厂对此当然高兴，于是双方一拍即合，开始了大范围的“买水票送饮水机”的联合促销活动。

赵国豪是如何向消费者解释他那“非标准”的饮水机口设计的呢？他说：“如果饮水机口设计得太标准化，就会让一些非法商户有机会可钻。非标准的饮水机口设计能够保证用户喝到的是真正优质的水。”消费者听了他的解释，都很满意，觉得别人很难仿造的东西才显得正宗、可靠。所以，大家都愿意购买这样的桶装水。

成功是商业博弈游戏的目的。无论好人、坏人，只要是缺乏竞争力的弱者，在市场上就难有立足之地。胜者为王，败者为寇，结果才是检验成功与否的唯一标准。当你输了的时候，很少会有人看到你是因为太过善良而输的。反言之，只要你赢了，即使你在道德上有些无伤大雅的瑕疵也没有人计较。商场如战场，也如赛场，谁强谁就能取胜。

即使是品质很好的一组月饼，如果裸卖，想超过100元都很难。一旦加上精美的包装，再配上茶叶、红酒或者其他小礼品，立即身价倍增，可卖到几百元乃至上千元。这既不是骗人，也不是消费者无知，而是市场中一个客观存在的消费现象——许多产品都存在双重消费：功能消费和精神消费。精神消费的一部分是体现在包装上的，简单地说，包装精美漂亮会给人带来愉悦的享受和消费的信心，继而对产品本身形成珍贵、高档的评价。“货卖一张皮”的说法虽然偏颇，但抓住了本质。可以说，卖货先卖皮，好货要好皮。要知道，形式是本质的一部分，包装是产品的一部分，而包装很差实际上是一种产品缺陷。

再拿玫瑰为例。一般来说，情人节是玫瑰的销售旺季，但是你知道情人节的玫瑰有多少种卖法吗？不同的卖法，利润可大不相同。

卖法一：卖“稀奇”。“蓝色妖姬”玫瑰花平时15元一枝，到了情人节，其身价就达到了150元左右一枝。尽管这种玫瑰花如此昂贵，买它的顾客还真不少。到了情人节，这种花是市面上最受欢迎的玫瑰花之一。情人节过后，其他品种的玫瑰花往往卖不完，而唯独蓝色妖姬卖得一干二净。蓝色妖姬抓的就是人们求奇的心理。蓝色妖姬之所以能成玫瑰之王，主要还是因为它那别致的颜色。常见的玫瑰都是红色、紫色、白色、黄色、粉红色的，纯蓝色的玫瑰极其罕见。正因为罕见，才足以支撑其天价。

卖法二：卖“精致”。随意点击一下情人节的相关链接，可以发现在网上卖花的商家真是不少。那么，怎样才能打动消费者的心呢？商家更多的是在包装上下功夫。在一个专业礼品网站上可以看到，数量不等的玫瑰花被塑造成各种造型，而每种造型又都被赋予了不同的寓意：真心、洁白、想你、我爱、随缘、五彩年华……与精美包装相随的还有贴心的配送服务。对那些忙得没空逛街而又一心想给爱侣一份节日惊喜的都市白领来说，这一招有相当大的魅力。

卖法三：卖“保证”。玫瑰也有期货？你可别不相信。在各大城市，不少商场、超市、花店都推出了情人节玫瑰期货服务，而且还相当受欢迎。“鲜花期货”就是店家标出订花或花束的价格，消费者先交钱预订，到了情人节那天直接领花。花店标出的情人节玫瑰价格明显高于一般的市场平均价，但又比情人节当天的鲜花价格便宜一些。比如，平时市场上最好的进口玫瑰的价格为每枝 3 ~ 5 元，情人节当天的进口玫瑰的价格为每枝 10 ~ 15 元，而情人节玫瑰期货的价格为每枝 8 ~ 10 元，买得多了还可以优惠。花店老板强调：提前预订的顾客，可以规避当天玫瑰花价格飞涨的风险。别不相信，捧场的人还真是不少，一家花店一天可收到二三十份这样的订单。

经商就是为了利润最大化，在赚钱策略上，创业者也要适当运用一些技巧。经商有赚钱的时候，也有亏钱的时候，为了不亏本，就必须小心谨慎、千方百计、精打细算。所以，生意人做起生意来非常理性，他们不仅对陌生人、对没有关系的人不会感情用事，而且亲兄弟也要明算账。但很多时候，这种理性却很难拿捏得当，甚至会出现斤斤计较、不讲情面的做法，于是就显得一个人过于寡情。所以，有人总结说：软心肠的人做不了商人的。

1. 寡情也要寡到地方

寡情并不等于无情，该寡的地方才寡，不该寡的地方则不能寡。真正的寡一般只限于工作和生意谈判中。一般来说，做生意讨价还价、不讲情面、斤斤计较都是正常的，很多生意人在谈判桌上是对手，谈判时争得面红耳赤，但下来后却谈笑风生，判若两人。有些老板工作时铁面无私，工作之余却和员工打成一片，甚至称兄道弟。所以，涉及利益时，可以寡情，不涉及利益时就不要寡。寡情要寡对地方。

2. 寡情绝对不是“剐肉”

寡情同样要有个度，工作中、谈判中不讲情面，能争必争，但不能因此而过度伤害对方的利益，不能把对方逼到亏本的地步。做生意时，如果对方根本没钱赚，人家就不愿与你合作下去了。

3. 默认寡情

生意场上，双方都不能只凭感情用事。不讲情面，寸利必争，这才是大家都认同的，在这种规则下交易，才会让人感到很公平。实际上，这已经成了一种文化。

相反，你若不寡情，而是一个多情多义、乐于奉献的人，不要以为会大受欢迎，太多情，对方反而会感到不安、猜疑：“咦，这个人对我这么好，该不是有什么目的吧?”也可能会让对方认为你不是这条道上的人，而不愿继续与你合作。

利益是争取来的。博弈要的是结果，讲感情则会干扰交易行为。感情少一点，财富就可能多一点。

四、虚实相间，别太实在

在激烈的商业竞争中，刚刚创业的大学生要学会避其锋芒。在羽翼未丰的情况下先不要鸣叫，否则，如果招来“夺食”的其他大鸟，你就可能会被活活饿死。

在拳击比赛中，有经验的拳手总是将一只拳在前面伸着，在对手面前摇晃做试探，一旦发现有机可乘，这只虚晃的拳马上就会变成实拳，实施准确打击。如果对手防守很严，这只手就是虚的，一旦晃开对手防线，后手实拳会马上跟进。虚虚实实，让对手防不胜防，这样胜率才会更大。经商中，既不能光玩虚的，让对方感觉你不诚信；也不能光玩实的，掉入对方的圈套儿。只有虚实相间，让对方摸不透，才可能在竞争中一击而中，稳操胜券。

经商讲究虚实相间，既不能太实在，又不能太虚假，具体该怎么做呢？

1. 不让别人看穿自己

一个企业在创业初期，家底薄，为了不露出自己的弱项，必须到处放烟幕，说自己身家多么厚，背后的老板多么大，自己只是为了兴趣和吸收经验才做生意的。要装潇洒，摆阔气，办公地点要选地皮贵的地方，室内装修要高级，设备要新。此外，创业者本身的衣着、汽车等附件都要高级。谈生意时，对方急时你不要急，自然就可以争取到最佳条件。商场就是这样，实在之处，还必须加点表面功夫。不然，一旦露出自己的意图和底牌，就会被对手看透。

法国软件业巨子、波朗公司的创始人卡恩是白手起家。当初，卡恩没钱登广告，于是就巧妙地利用造势手法，让一家杂志社同意以赊账的方式帮他登广告。当这家杂志社的业务人员进入卡恩的办公室时，只见许多人忙进忙出，而卡恩本人在和他谈话时也不断地接听国内外的电话。卡恩办公室的墙上挂着一大张行销策略图表，而上面记载着各种广告行销媒体和波朗公司的广告行销策略。

杂志社业务人员原本执意要以现金交易，最后在观察了波朗公司的营运状况之后，同意以赊账的方式为波朗公司登广告。波朗公司从此飞黄腾达，逐渐成为世界一流的电脑软件公司。

但实际上，杂志社业务人员看到的所有忙进忙出的职员，都是卡恩临时请好朋友客串的，接连不断的国内外电话是另一些朋友打来的，就连墙上挂的图表也是临时编制的。

虚虚实实，实实虚虚，这种心理战术的目的就是不让别人看穿自己，争取到对自己最有利的时机。只要不存害人之心，这也是一种竞争技巧。

2. 摸清对方底牌

广东中山的陈锦胜和一名日本贸易中间商去日本做了一次考察。在此期间，他多长了个心眼，以和日本养锦鲤的同行交流经验的理由，广撒名片，广交朋友。在一次宴会上，这名日本贸易中间商喝醉了，他在当天收到的名片撒了一地。陈锦胜帮他捡拾时，看见一张锦鲤供货商协会的名片，就趁机多看了几眼，记下了协会的地址。从日本回来后，他就彻底明白了从日本进口锦鲤的底价和进货渠道，和这家日本贸易中间商中止了合作，直接从渔场拿货，价格便宜了近两成。

自己的底牌是什么，对方的底牌又是什么，大家都深藏不露。底牌关系到谈判的输赢和利益得失。开出的条件太高，对方会吓跑，太低又会使自己吃亏。所以，要尽量摸清对方的底牌。

3. 守住最后的秘密

号称“中州鞋带大王”的王雨春奠定王者地位的因素主要归功于一台机器。他得意地说：“头一年，我一双鞋带的批发价卖到五毛钱，后来一直往下降，最后降到两毛钱，照样有利润。你算算，我头一年赚了多少？但我一降价，别人就做不下去了，因为他们没机器，手工做，产量低，成本高，没法和我比。”

那台神秘的机器成了王雨春的心肝宝贝，对任何想打听其产地的人，他都哼哼哈哈地像打太极拳一样给拒绝了。

“你去我那乡里访一访，人人都见我家三天两头一车车地出货，可有谁见过我那台宝贝机器？村干部也好，亲戚邻居也好，不管谁来了，在前院要喝茶、要喝酒咱都有，但要想到后院去看，没门。如果有人刨根问底，我就马上把话题岔开。这机器也不是多么高级的东西，只要看看厂牌，谁都可以去买一台回来。但那样的话，我不就是在给自己树敌吗？”

王雨春对他的那台机器始终守口如瓶，让大家猜得好辛苦，同时也不知得罪了多少父老乡亲，但他的目的达到了：始终保住了“中州鞋带大王”的地位。

商场如战场，商情如军情，军事秘密是打死也不能说的，而商业秘密就算烂在肚子里也不能随便外漏。把酒言欢时，脑子里应该始终有根弦，把不该说的话使劲往肚子里咽。创业要多长个心眼，即使对最好的伙伴，也要守住最后的秘密。这是做生意，不是讲感情。

4. 注意保密工作

机密莫与外人言！如果只是生活上的琐事，损伤的可能只是个人的名誉或威信，但如果泄露的是商业机密，危害的恐怕就是一个企业甚至多家公司的巨额利益了。

纽约出版的《美洲华侨日报》曾报道过这样一件事：

日本的某首饰制造厂想要仿造中国的景泰蓝，始终没有成功。最后，他们用重金收买了一个华侨，让他到中国去偷看景泰蓝的制作工艺。那个华侨回到中国，以代理商的身份要求参观景泰蓝的制作过程。接待部门替他做了安排，厂方殷勤接待了这位“代理商”，让他参观了工厂，而且把工艺制作的全过程拍了照片。结果，那家日本工厂不久后就制造出了标有“日本制造”字样的景泰蓝，在国际市场上和中国竞争。

日本厂家一心想仿造中国的景泰蓝，但苦于拿不到工程技术资料，于是利用中国人对华侨的特殊感情，相信华侨爱国，又利用了厂方的轻信心理。可惜的是，这个“迷局”没有被我方识破，因此使景泰蓝制作工艺从此泄密，造成了难以估量的损失。

如果你想在商业上有所建树，那就要注意保密工作。毫无保留地将自己的机密与他人共享，失去的不仅是原本属于你的市场，更势你的企业生存的权利。保守商业机密对任何一个商家来说都是生死攸关的大事。有很多别有用心的商人，想方设法以种种方式来获取别人的商业资料或关键技术，并以此来提高自己的竞争力。所以，在正常的商业交往中，要小心对待，识破对方的不良企图。

真正成功的企业都有强烈的保守秘密的意识。可口可乐公司向来就拒绝与合作方共享配方，其秘密配方始终只有几个核心人物才知道。也许你会认为与别人合作需要坦诚相见，但事实是保守商业秘密和与别人友好相处并不矛盾，过于坦诚倒有时会引发对方的不良居心。任何时候，保守商业秘密都应成为你的底线。商人没有必要告诉别人你赚钱的秘诀和收益。

许多行业都有重要的商业机密：饮食业有自己独特的菜谱和配方；建筑、珠宝等产品有设计图纸；图书、报纸和电视等传媒业有选题策划计划等。一旦你的重要机密泄露，你的一切就等于大白于天下，竞争对手势必会趁机采取相应的措施。俗话说：明枪易躲，暗箭难防。你在明处，别人在暗处，你的事业容易因泄密受到致命的打击。致使你遭受不幸的，不但可能是那些有意背叛你的跳槽者，也可能是受到利诱的亲信，或者是对手派来的“探子”。

总之，时刻都要记住：商业机密是重中之重，不可泄露分毫。

附录　创业测试

通过阅读本书，你已经知道了创办一家公司不容易，风险也很大，且还需要大量辛勤的劳作。但如果你对创业充满期待，尤其是有过以下这些想法，那么也许你应该为创业进行认真的准备了。

● 你开始关注和创业者特质相关的种种迹象。

● 你总是在思考：没有任何方式比创办一家属于自己的企业更好。

● 你一直怀揣某个商业构想，并且热情不减，希望把它转化成现实。

● 你是独立自主者，是一个试图独立解决大多数难题的问题解决者。

● 你有很强的上进心，并不总是需要其他人引领你前进。

● 你有通过提供产品或者服务来帮助他人的强烈愿望。

● 你对于创办一家更好的公司充满信心。

● 你对现有的工作感到有些困惑。

● 你总是想要成为自己的老板，下定决心想要成为自己的老板。

● 你所处的领域缺乏工作机会，不想被动等着或是接受一份对你而言大材小用的工作。

● 你对不确定性充满渴望，探索未知时精力充沛。

● 你总是能看透事情的潜在实质。

● 你不能忍受被人指挥，讨厌你的老板以及他的所有要求。

● 你有强烈的去开发一种全新产品或是服务的渴望。

- 你已经厌倦了每次提出的创意和想法都得不到落实，想创办一家成功的公司来证明自己。
- 你有子女，并且正在考虑为他们留下一些可以让他们为自己的父母感到骄傲的东西。
- 你在现在的岗位上遭遇了瓶颈，因此工作变得格外无趣。
- 你喜欢汲取新技能和新知识，但是在年复一年的重复劳动中，无法有所收获。
- 为他人打工最糟糕的事情之一就是需要考虑被裁员或是公司倒闭的可能性。为什么不由自己来掌控自己的职业安全感呢？
- 你正在考虑：若不是现在创业，那会是什么时候呢？